Anke Edelbrock, Albert Biesinger, Friedrich Schweitzer (Hrsg.)
Religiöse Vielfalt in der Kita

Dr. Anke Edelbrock ist Akademische Rätin für Evangelische Theologie/Religionspädagogik an der Pädagogischen Hochschule Schwäbisch-Gmünd und wissenschaftliche Angestellte im Projekt „Interkulturelle und Interreligiöse Bildung in Kindertagesstätten" der Universität Tübingen.

Dr. Albert Biesinger ist Professor für Religionspädagogik, Kerygmatik und Kirchliche Erwachsenenbildung an der Katholisch-Theologischen Fakultät der Universität Tübingen.

Dr. Friedrich Schweitzer ist Professor für Praktische Theologie/Religionspädagogik an der Evangelisch-Theologischen Fakultät der Universität Tübingen.

Frühe Kindheit | Interreligiosität und Interkulturalität

Anke Edelbrock, Albert Biesinger, Friedrich Schweitzer (Hrsg.)

Religiöse Vielfalt in der Kita

So gelingt interreligiöse und interkulturelle Bildung in der Praxis

Mit Textbeiträgen von:

Kathrin Alshuth, Albert Biesinger, Myriam Blender, Beate Burkart, Mirela Dedajic, Simon Drobina, Anke Edelbrock, Silke Feldberg-Akhand, Stefanie Fritz, Funda Heder, Birgit Heidrich, Dorothea Hoberg, Annegret Maile, Maria Marberger, Hildegard Mohlberg, Nassim Navvabi, Patricia Olbert, Patrizia Pascalis, Gaby Schima, Christiane Schindler, Doris Schröter, Friedrich Schweitzer, Irina Spannagel, Andreas Stehle, Julia Vermehren, Jutta Wedemeyer, Sarah-Lisa Witter, Wiltrud Wolter

Gefördert durch die

Stiftung Ravensburger Verlag

Bei Fragen und Anregungen wenden Sie sich bitte an unsere Berater:
Marketing, 14328 Berlin, Cornelsen Service Center,
Servicetelefon 030 / 89 785 89 29

Weitere Informationen finden Sie im Internet unter:
www.cornelsen.de/fruehe-kindheit

Bibliografische Information: Die Deutsche Bibliothek verzeichnet diese Publikation in der Deutschen Nationalbibliografie; detaillierte bibliografische Daten sind im Internet über http://dnb.ddb.de abrufbar.

1. Auflage 2012
© 2012 Cornelsen Verlag Scriptor GmbH & Co. KG, Berlin

Das Werk und seine Teile sind urheberrechtlich geschützt. Jede Nutzung in anderen als den gesetzlich zugelassenen Fällen bedarf deshalb der vorherigen schriftlichen Einwilligung des Verlags. Hinweis zu den §§ 46, 52a UrhG: Weder das Werk noch seine Teile dürfen ohne eine solche Einwilligung eingescannt und in ein Netzwerk eingestellt oder sonst öffentlich zugänglich gemacht werden. Dies gilt auch für Intranets von Schulen und sonstigen Bildungseinrichtungen.

Es wurde alles unternommen, um die Rechteinhaber der verwendeten Abbildungen zu ermitteln. Sollten Rechte unerwähnt geblieben sein, so bitten wir die Rechteinhaber, sich zu melden, damit Fehler in weiteren Auflagen korrigiert werden können.

Lektorat: Christiane Emmert, München
Herstellung: Uwe Pahnke, Berlin
Satz: Markus Schmitz, Büro für typographische Dienstleistungen, Altenberge
Umschlaggestaltung & Innenlayout: Claudia Adam Graphik Design, Darmstadt
Fotos: Ingo Heine, www.heine-foto.de, Berlin
Druck und Bindung: orthdruk, Bialystok

ISBN 978-3-589-24666-3

Inhalt

Vorwort: Wie kann interreligiöse und interkulturelle Erziehung in der Praxis gelingen?   **10**

Einleitung   **12**

I. Empfehlungen zur interreligiösen Bildung in Kindertageseinrichtungen   17

Empfehlungen   18

Interreligiöse Bildung in der Kita: Aufgaben und Möglichkeiten   22

Aufgaben für die Träger   28

Anforderungen an die Aus- und Fortbildung   30

Perspektiven für die (Bildungs-)Politik   32

Orientierungs- und Bildungspläne   34

Aufgaben für die Wissenschaft   35

II. Best-Practice-Beispiele zur interreligiösen und interkulturellen Bildung in Kindertageseinrichtungen   37

1. Durch Zusammenarbeit Gemeinschaft erleben   38

Katholisch und offen für alle Religionen   39

Bildungs- und Erziehungspartnerschaft – wir tun es gemeinsam   40

Religion ist von Anfang an ein Thema   41

Das Gebet gehört zur Einrichtung   42

All-inclusive Kurzwochenenden: Stellen Sie sich vor – es ist 17.00 Uhr und die Kinder gehen nicht nach Hause …   43

| 2. | **Dattelbonbons zu Ramadan** | **46** |

Interkulturelle Erziehung: „Wir sind alle Kinder dieser Erde"   47

Selbstverständliches Wahrnehmen der religiösen Feste verschiedener
Religionen   48

Interreligiöse Suche nach dem Gemeinsamen und Verbindenden   49

Ramadan und Advent im Halima Kindergarten   50

| 3. | **Unterschiede erfahren – Gemeinsamkeiten entdecken** | **54** |

Bezug zur Lebenswelt der Kinder   54

Unterschiede erfahren, um Gemeinsamkeiten zu entdecken   55

Miteinander feiern, um sich kennenzulernen   56

Kinderfest als Begegnungsort der Kulturen   57

| 4. | **Hemmschwellen abbauen und Wege ebnen** | **60** |

„Die Muttersprache nicht vergessen" – die etwas andere
Sprachförderung   61

Hemmschwellen abbauen, Wege ebnen – eine eigene Kita-Bücherei   62

„Wir sind dann mal weg" – Traumreisen ins Land der Eltern   62

Innehalten und Gott nachspüren – Andachten in der Gemeindekrypta   63

„Unser Leben sei ein Fest!" – Das Ramadanfest:
zwei Sprachen, eine Feier   64

„Und wie macht ihr das so?" – Hingucken, Zuhören,
Nachfragen und Aufgreifen   64

„Tod und Leben" – ein Kita-Projekt   66

| 5. | **Religion ist ein Teil der Kultur** | **70** |

Grundhaltung: Wertschätzung, Würdigung und Interesse   71

Deutsch ist unsere Freundschaftssprache   71

Zweisprachiges Bilderbuchkino   72

Religion – ein Teil der Kultur   73

Zwei Feste – eine Doppelfeier: kulturelle und religiöse
Gemeinsamkeiten betonen   73

Elternarbeit zwischen Tür und Angel   74

Vernetzung mit städtischen Angeboten   75

Die interkulturellen Kleingruppen   75

6. Begegnung schafft Verständnis: Judentum, Christentum und Islam auf Augenhöhe 78

Die Gemeinsamkeiten der Religionen im Alltag hervorheben 79

Daheim und zu Gast in der Synagoge – Kinder entdecken die jüdische Religion 80

Die Idee der gleichwertigen Berücksichtigung der drei monotheistischen Religionen 81

7. Familienreligion – ein Thema von Anfang an 85

Familienkultur und Familienreligion der Kinder sind von Anfang an Thema 86

Feste in der Einrichtung 88

Interkulturelle und interreligiöse Reflexionen in der Konzeption der Einrichtung 89

Die interreligiöse Kleingruppe 89

8. Von Nachbar zu Nachbar 94

Die Mischung macht's! 95

Die Räumlichkeiten der Kita und die traditionelle türkische Tee-Ecke 95

Interkulturelle Erziehung – „inter" = zwischen den Kulturen 96

Komsu heißt Nachbar – der nachbarschaftsorientierte Ansatz 97

9. Die religiöse Ecke lädt kleine Forscher ein 100

Der Morgenkreis – die Willkommenslieder 101

Die religiöse Ecke 102

Interkulturelle und interreligiöse Nachmittage 103

Die interkulturelle und interreligiöse Öffnung 104

10. Elternbildung: ein wichtiger Grundsatz 108

Sich füreinander Zeit nehmen: Bildungsurlaube von und mit Eltern 109

Ein Platz für Eltern: die Elternnischen 110

Nichts verstehen und trotzdem zuhören: ein Vorleseprojekt 111

Experte werden oder Experten suchen: Fortbildung und Netzwerk 111

Das Konzertprojekt „Irgendwie Anders" 112

11. Ein Gott – ein Schöpfer – ein Kindergarten 115

Weitergeben, womit man sich identifiziert: Selbstvergewisserung
als Grundstein 115

Interreligiöse Bildung im Allgemeinen und im Besonderen 116

Interreligiöses Projekt Schöpfungsgeschichte – ein Familiensonntag
der besonderen Art 117

12. Orte des Glaubens besuchen 122

Eine Stunde intensiv Zeit für eine Verabredung mit Gott 123

Muslimische Erzieherinnen als Glücksgriff verstehen – das Konzept
der evangelischen Kirche in Hessen und Nassau 123

Pfarrerin und Imam in einem Boot – gemeinsam Gottesdienst feiern 124

Kein Einheitsbrei – auch im Gemeinsamen, Raum für Fremdes lassen 125

Offen sein für Skeptiker – Transparenz und Vertrauen zahlen sich aus 126

„Erzähl mir was von Gott" – Ein Buchprojekt 127

13. Mond und Sterne 130

Neugier auf die Andersartigkeit: Was gibt es eigentlich alles bei euch? 131

Internationales Essen – ein Abend, an dem alle an einen Tisch
kommen 132

Mit Gott groß werden 133

Sterne, Mond, Engel und Segen – interreligiöse Interaktion 133

„Der Kulturgarten" – eine Materialsammlung zur Gestaltung
internationaler Feste 134

14. Die Erfahrungswelt des Kindes wahrnehmen und aufnehmen 138

Die Familienkulturen in den Mittelpunkt rücken 139

Religiöse Feste – dürfen wir bei Ihnen zuhause gucken, wie Sie feiern? 140

Demokratie leben – Eltern aktiv miteinbeziehen! 140

Interkulturelle Arbeit mit dem Sechs-Komponenten-Modell 141

15. „Tue Gutes und rede darüber"	**145**
Vielfalt im Stadtteil – Vielfalt im Team	146
Mit den Kindern das Verbindende im Getrennten suchen	146
Ohne Eltern geht es nicht	148
Verbündete gewinnen: Öffentlichkeitsarbeit leisten und Ansprechpartner sein	149
„Tue Gutes und rede darüber" – Lobbyarbeit für die Interessen der Kinder	149
16. Interkulturalität fördern – Religion gehört dazu	**152**
Der mehrsprachige Singkreis	153
Internationale Medien- und Buchpakete	154
Projekt „Kultur der Kulturen"	155
Das COMENIUS-Projekt	156
Unterstützung durch die Städtische Fachberatung „Interkulturelle Pädagogik und Sprache"	156
17. Christlich-muslimischer Dialog in der Kita	**159**
Die Basisarbeit im christlich-muslimischen Dialog	160
Kinderbibelwoche mit Imam	162
Netzwerke vor Ort	163
Das Eigene kennen, dem Fremden offen begegnen – Förderung der interreligiösen Kompetenz durch religionspädagogische Fortbildungen	163
III. Tipps für die Praxis	**167**
Checkliste: Fit für interreligiöse Arbeit?	**168**
Literaturempfehlungen	**172**
Autorinnen und Autoren	**179**

Vorwort

Wie kann interreligiöse und interkulturelle Erziehung in der Praxis gelingen?

Dorothee Hess-Maier, Stiftung Ravensburger Verlag

Durch die hohe Zahl von Zuwanderern haben sich die Bevölkerungsstrukturen in Deutschland stark gewandelt. Migrantenfamilien stammen aus vielen verschiedenen Herkunftsländern und bringen die unterschiedlichsten Kulturen und Glaubenstraditionen mit. Nicht nur in den Ballungsgebieten, sondern auch in ländlichen Regionen geht es um die Integration in die Gesellschaft und um ein Zusammenleben trotz unterschiedlicher religiöser Überzeugungen. Möglichst früh, also schon im Vorschulalter, sollten Kinder andere Religionen wahrnehmen und erleben, Respekt voreinander entwickeln, letztlich Toleranz lernen.

Kindertagesstätten bieten dafür eine große Chance. Sowohl konfessionelle als auch kommunale Einrichtungen sind mit neuen Anforderungen konfrontiert. Erzieher und Erzieherinnen sind sich bewusst, dass die interkulturelle und interreligiöse Arbeit mit Kindern ein wichtiger Baustein für die frühkindliche Bildung ist. Auch Kinder aus nicht religiös gebundenen Familien können dabei wertvolle Erfahrungen machen.

Um auf diese neuen Aufgaben vorbereitet zu sein, wurde das Forschungsprojekt „Interkulturelle und interreligiöse Erziehung in Kindertagesstätten" durchgeführt. Nach der Pilotstudie wurde eine mehrjährige empirische und repräsentative Bestandsaufnahme und qualitative Auswertung der Situation in kirchlichen und kommunalen Kindertagesstätten in Deutschland ermittelt. Daraus entstand der vorliegende Band, in dem diejenigen Einrichtungen porträtiert und ihre Arbeitsweise dokumentiert sind, die im Sinne von „Best Practice" Vorbilder darstellen. Wie kann interreligiöse Erziehung gelingen? Was kann man erreichen? Wo liegen die Hürden, wo die Grenzen?

Die Stiftung Ravensburger Verlag hat das Tübinger Forschungsprojekt finanziell gefördert und die Arbeit der Wissenschaftler und Religionspädagogen begleitet. Zum Abschluss des Projektes mit der „Best-Practice-Veröffentlichung" wurde der Fotograf Ingo Heine quer durch Deutschland geschickt, um herausragende Kindertagesstätten abzubilden und Eindrücke festzuhalten, um glaubhaft und authentisch darzustellen, wie es gelingen kann, frühkindliche Bildungsarbeit interkulturell und interreligiös zu leisten.

Wir sagen großen Dank an alle am Forschungsprojekt Beteiligten, insbesondere den Professoren Dr. Albert Biesinger, Dr. Friedrich Schweitzer und der Akademischen Rätin Dr. Anke Edelbrock.

Wir wünschen dem Buch gute Verbreitung und hoffen, dass viele Erzieherinnen und Erzieher sich aufgerufen fühlen und ermuntern lassen, aus den dargestellten Empfehlungen und Beispielen für die eigene pädagogische Arbeit Anregungen und Hilfen zu übernehmen.

Einleitung

Anke Edelbrock, Albert Biesinger, Friedrich Schweitzer

Religion ist in den letzten Jahren zu einem bedeutenden Thema in der öffentlichen Diskussion geworden. Dass eine multikulturelle und multireligiös zusammengesetzte Gesellschaft aktuell zu den zentralen Herausforderungen gehört, bestreitet in Deutschland kaum mehr jemand.

Auch besteht Einigkeit darüber, dass Bildung nicht erst in der Schule beginnt. Die Bildungsbedeutung gerade der frühen Lebensjahre wird allgemein anerkannt, und es werden zunehmend auch entsprechende Forderungen im Blick auf eine wirksame Förderung von Kindern „von Anfang an" vertreten. So sind Kindertageseinrichtungen heute eine Institution der Bildung, in denen die Kinder in viele Bildungsbereiche eingeführt werden. Bildung soll die kindliche Neugier und Wissbegierde aufnehmen und sich an den Lebenswelten der Kinder orientieren. Auch interreligiöse und interkulturelle Bildung gehört zu diesen zentralen Bildungsbereichen.

Interreligiöse und interkulturelle Bildung sind eng miteinander verwoben und können nur miteinander berücksichtigt und vermittelt werden. In vielen Einrichtungen steht die Frage im Vordergrund, wie Kitas mit kultureller Vielfalt umgehen können, weniger die Frage nach einer angemessenen Antwort auf religiöse Unterschiede. Hier zeigt sich ein deutlicher Nachholbedarf. Denn in sehr vielen Kitas weisen die Kinder unterschiedliche religiöse Prägungen und Zugehörigkeiten auf. Darüber hinaus müssen auch die in der Kita gebotenen Bildungsmöglichkeiten auf gesellschaftliche Herausforderungen eingestellt sein. Der vorliegende Band lenkt deshalb die Aufmerksamkeit bewusst auf die Frage, wie religiöse Vielfalt in den Kitas angemessen berücksichtigt werden kann.

Antworten auf diese Frage haben wir anhand von 17 Best-Practice-Beispielen aus ganz Deutschland zusammengetragen. An diesen Beispielen aus der Praxis wird deutlich, wie religiöse Vielfalt in Kindertageseinrichtungen zum Thema gemacht werden kann und wie interreligiöse und interkulturelle Bildung schon jetzt gelingen kann, vor allem in Einrichtungen, die sich gezielt auf diese Herausforderung eingelassen haben.

An die positiven Erfahrungen in solchen Einrichtungen schließen sich unsere Empfehlungen zur interreligiösen Bildung in der Kita an. Diese Empfehlungen beruhen zugleich auf einer breiten wissenschaftlichen Grundlage – in der Gestalt einer Repräsentativbefragung von Erzieherinnen, einer Untersuchung zur religiösen Differenzwahrnehmung im Kindesalter sowie auf Untersuchungen zu Erwartungen und Erfahrungen von Eltern. Mit den Empfehlungen wenden wir uns an einen breiten Adressatenkreis: Außer den pädagogischen Fachkräften in den Einrichtungen sprechen wir auch Fachberaterinnen und Fachberater an sowie alle, die in der Aus- und Fortbildung der pädagogischen Fachkräfte arbeiten. Ebenso werden die Träger der Einrichtungen und Verantwortliche in der Bildungs- und Sozialpolitik angesprochen. Denn in vieler Hinsicht hängt das Gelingen interreligiöser Bildung davon ab, dass dieses Thema in Öffentlichkeit und Politik nicht länger vernachlässigt wird.

Nach welchen Kriterien wurden die als Best-Practice-Beispiele beschriebenen 17 Einrichtungen ausgewählt? Um es klar zu sagen: Wir haben nicht *die* besten 17 Einrichtungen in Deutschland gesucht. Eine solche Auswahl wäre weder sinnvoll noch möglich. Wir wollen vielmehr zeigen, dass interreligiöse und interkulturelle Bildung nicht nur eine theoretische Forderung bezeichnet, sondern bundesweit in Kitas unabhängig von der jeweiligen Trägerschaft auch bereits erfolgreich umgesetzt wird.

Die bundesweite Identifikation der Einrichtungen fand auf unterschiedlichen Ebenen statt. Befragt wurden zunächst Multiplikatoren, insbesondere Verbände. Genannt seien namentlich der „Verband Katholische Kindertageseinrichtungen für Kinder" und die „Bundesvereinigung Evangelischer Tageseinrichtungen für Kinder e. V.". Darüber hinaus entstanden Kontakte zu regionalen Fachberatungen für Kindertageseinrichtungen mit der Absicht, weitere Hinweise auf besonders engagierte Einrichtungen zu bekommen. Auch bei Veranstaltungen im Rahmen unseres Gesamtprojekts konnten wir Hinweise sammeln. Schließlich recherchierten wir im Internet und in Zeitschriften für den Elementarbereich, in denen immer wieder Einrichtungen mit besonderem Profil oder speziellen Projekten vorgestellt werden. In Ballungsräumen schrieben wir Multiplikatoren-Einrichtungen an, von Integrationsagenturen über Kulturwerkstätten bis hin zu Abteilungen des Diakonischen Werks und der Caritas oder Fachbereichsstellen für Migration. Im Internet wurden wir oft schon vor dem ersten Telefonkontakt auf Kindertagesstätten aufmerksam, die selbstständig ihr Profil vorstellen.

So konnten wir 169 Einrichtungen „sammeln" und ausführliche Telefoninterviews mit ihnen führen. 26 dieser Einrichtungen besuchten wir vor Ort und konnten ihre Arbeit gründlich kennen lernen. Intensive halboffene Interviews waren Teil der Besuche. Leider konnten nicht alle besuchten Einrichtungen hier vorgestellt werden, der Umfang des Buches ist beschränkt.

Die 17 Best-Practice-Porträts sind jeweils zweigeteilt: In einem ersten Teil beschreiben wir zunächst kurz Ort, Art und Größe der Einrichtung, dann das besondere Profil ihrer interreligiösen und interkulturellen Arbeit. In einem zweiten Teil kommen die Einrichtungen selbst oder Institutionen, die eng mit ihrer Arbeit verbunden sind, zu Wort. Hier geht es um das Markenzeichen der Einrichtung. Unsere Frage dahinter: Was tun Sie Besonderes, damit bei Ihnen die interreligiöse und interkulturelle Bildung gelingt? Die Antworten auf diese Frage sind so interessant und verschiedenartig wie die Einrichtungen selbst. Eben deshalb bieten sie auch zahlreiche Anregungen für andere Einrichtungen. Am Ende eines jeden Porträts benennen wir ausdrücklich Impulse für die Praxis, gewonnen aus den Erfahrungen der jeweiligen Einrichtung.

Die Reihenfolge der Porträts bedeutet keine Wertung, sondern orientiert sich an der Gliederung unserer Empfehlungen im ersten Teil des Buches.

Einen gezielten Zugang zu Umsetzungsideen für die interreligiöse und interkulturelle Bildung soll die Checkliste im letzten Teil des Buches bieten. Dabei lautet die Fragestellung: „Wie werden wir mit unserer Einrichtung fit für interreligiöse Arbeit?“ Hier finden sich auch Literaturhinweise für die Praxis.

Das Buch ist im Rahmen des von der Stiftung Ravensburger Verlag geförderten Tübinger Forschungsprojekts „Interkulturelle und interreligiöse Bildung in Kindertagesstätten" entstanden. Ziel dieses Projektes war es, Einsichten und Erkenntnisse zu den Kindern, den pädagogischen Fachkräften bzw. Erzieherinnen und den Eltern zu gewinnen. Was bedeutet für sie interreligiöse und interkulturelle Bildung? In den unter Literaturempfehlungen genannten Bänden können unsere Ergebnisse nachgelesen werden. Alle diese Untersuchungen stellen Leistungen eines Teams dar, dem wir an dieser Stelle noch einmal herzlich danken. Darüber hinaus wurde das Gesamtvorhaben immer wieder vom Leibniz-Institut für Sozialwissenschaften GESIS beraten und begleitet. Wir danken besonders Sabine Häder und Natalja Menold.

Auch das vorliegende Buch ist nicht in Einzelarbeit entstanden. Deshalb bedanken wir uns bei allen, die zu seinem Entstehen beigetragen haben.

Studentische Mitarbeiterinnen und Mitarbeiter haben in mühevoller Arbeit die Transkripte der Interviews geschrieben und mit ausgewertet: Johannes Baur, Friedrike Einschenk, Ibtisamme Essich, Dorothee Kuttler, Judith Schäffler und

Martina Sowa-Burkhardt. Hierzu zählen auch Stefanie Fritz, Annegret Maile und Sarah-Lisa Witter, die auch in der Endphase noch im Projekt dabei sein konnten, einzelne Einrichtungen mit besuchten und die Porträtbeschreibungen mit verfasst haben. Dank auch an Andreas Stehle, katholischer Diplom-Theologe und Diplom-Pädagoge mit Schwerpunkt frühkindliche Bildung, der Einrichtungen besuchte und porträtierte. Zu Dank verpflichtet sind wir auch Murat Kaplan, der uns bei allen Fragen zum Islam kompetent zur Seite stand. Edeltraut Gaus danken wir für die Endkorrektur.

Mit den Trägervereinigungen, dem „Verband Katholische Kindertageseinrichtungen für Kinder" und der „Bundesvereinigung Evangelischer Tagesseinrichtungen für Kinder e. V.", konnten wir die Forschungsergebnisse im Rahmen eines Symposions diskutieren und uns zum Teil auch im Blick auf die darauf aufbauenden Empfehlungen abstimmen. Für die bewährt gute Zusammenarbeit danken wir Georg Hohl und Frank Jansen als den Verantwortlichen.

Ohne die innovative Unterstützung durch die Stiftung Ravensburger Verlag wäre das Projekt nicht möglich gewesen. Der Vorsitzenden der Stiftung Ravensburger Verlag, Dorothee Hess-Maier, danken wir nicht nur für die erhebliche finanzielle Ausstattung dieses Projektes. Dankbar sind wir ihr auch für viele anregende Gespräche, wegweisend-kritische Fragen und ihren wichtigen Impuls, die Einrichtungen nicht nur im Text, sondern auch mit Bildern zu portraitieren. Ingo Heine danken wir, dass er sich auf dieses fotografische Abenteuer einließ. Die mediale Kommunikation der Projektergebnisse gelang Andrea Reidt in der Stiftung Ravensburger Verlag sehr gut. Dafür haben wir ebenfalls zu danken.

Unser besonderer Dank gilt den vielen pädagogischen Fachkräften, mit denen wir im Laufe des Projekts Kontakt hatten; denen, die uns bei dem Auffinden der Einrichtungen geholfen haben und denen, die uns vor Ort den Einblick in ihre Arbeit gewährten. Ohne ihre offene, mitdenkende, kreative und oft unkomplizierte Art hätte dieses Buch nicht entstehen können.

I | Empfehlungen zur interreligiösen Bildung in Kindertageseinrichtungen

Empfehlungen

Friedrich Schweitzer, Albert Biesinger, Anke Edelbrock

Diese Empfehlungen wenden sich an einen breiten Adressatenkreis. Da sie auf Kindertageseinrichtungen[1] bezogen sind, sollen damit an erster Stelle die dort tätigen pädagogischen Fachkräfte angesprochen werden. Mit den im Folgenden beschriebenen Herausforderungen und Aufgaben, die aus dem Zusammenleben in einer multireligiösen Gesellschaft erwachsen, dürfen die pädagogischen Fachkräfte, vor allem also Erzieherinnen und Erzieher[2], aber nicht allein gelassen werden. Niemandem wäre geholfen, wenn das in unserer Gesellschaft bei ungelösten Problemen so weit verbreitete Verhalten, solche Probleme an Einrichtungen wie Kitas oder auch Schulen abzuschieben, sich auch hier fortsetzen würde. Deshalb zählen zum Adressatenkreis der Empfehlung ebenso die Träger der Einrichtungen wie die Bildungs- und Sozialpolitik, die sich bislang im Blick auf interreligiöse Bildung in der Kita stark zurückgehalten haben. Ebenso angesprochen werden darüber hinaus auch alle, die in der Ausbildung und Fortbildung oder Fachberatung für Erzieherinnen tätig sind oder auch in den entsprechenden Bereichen der Kinder- und Kindheitsforschung. Denn für fast alle diese Bereiche — für Praxis, Politik und Wissenschaft — gilt heute offenbar gleichermaßen, dass die weitreichenden Aufgaben der religiösen Begleitung von Kindern sowie einer Ausbildung, die darauf ausreichend vorbereiten kann, stark vernachlässigt worden sind.

Religion ist in den letzten Jahren zu einem bedeutenden öffentlichen Thema geworden. Dass das Zusammenleben in einer multireligiösen Gesellschaft, die nicht nur multikulturell, sondern auch multireligiös zusammengesetzt ist, zu den zentralen Herausforderungen in Gegenwart und Zukunft gehört, ist in Deutschland nicht mehr umstritten. Ebenso deutlich ist der Konsens, dass Bildung nicht erst in der Schule beginnt. Die Bildungsbedeutung gerade der frühen Lebensjahre wird allgemein anerkannt, und es werden zunehmend auch entsprechende Aufgaben im Blick auf eine wirksame Förderung von Kindern „von Anfang an" vertreten. So ist nicht zuletzt die Kindertagesstätte zu Recht auch als eine Stätte der Bildung entdeckt worden.

---

1 „Tageseinrichtungen für Kinder" ist der Überbegriff über alle Formen institutioneller Kindertagesbetreuung wie Kindergarten, Kinderkrippe, Kinderhaus usw. Wenn wir im Folgenden — wie auch im Titel des Bandes — abgekürzt von „Kitas" sprechen, sind auch solche Einrichtungen mit gemeint.

2 Wir sprechen im Folgenden von Erzieherinnen und beziehen damit alle in der Kita tätigen Fachkräfte ein.

Vor diesem doppelten Hintergrund ist es geradezu unverständlich, dass interreligiöse Bildung in Kitas bislang noch nicht zu einem zentralen Thema geworden ist – weder in der Praxis noch in Politik, Wissenschaft und Öffentlichkeit. Selbst die weithin befürwortete Einführung von Islamischem Religionsunterricht vor allem in Grundschulen hat für den Elementarbereich noch nicht zu einem entsprechenden Bewusstseinswandel geführt. Aber welchen Sinn würde es ergeben, nun endlich möglichst vielen Grundschulkindern eine religiöse Begleitung zu garantieren, sie den Kindern im Elementarbereich aber zu verweigern? Zwar bemühen sich insbesondere die konfessionellen Trägerverbände sowie die wissenschaftliche Religionspädagogik schon seit Jahren um die Entwicklung entsprechender Konzepte, aber die Wirklichkeit oder Praxis interreligiöser Bildung von Kitas in Deutschland findet bislang weder in ministerialen Berichten noch in der Forschung die erforderliche Aufmerksamkeit.

Dieses Defizit stellte den Ausgangspunkt für eine bundesweite Repräsentativuntersuchung dar, die – mit Unterstützung der Stiftung Ravensburger Verlag – an den beiden Lehrstühlen für evangelische und katholische Religionspädagogik der Universität Tübingen in den letzten Jahren durchgeführt wurde. Diese Untersuchung, die sich sowohl auf die Kinder selbst wie auf die Erzieherinnen sowie die Eltern bezog, förderte einen weitreichenden Nachholbedarf im Blick auf interreligiöse Bildung zutage.[3]

Ehe wir einige der Befunde, die den Ausgangspunkt für die vorliegende Erklärung darstellen, genauer beschreiben, zunächst ein Hinweis zu unserem Verständnis interreligiöser Bildung und zu den von uns gebrauchten Begriffen.

Wir sprechen bewusst von interreligiöser *Bildung*, um hervorzuheben, dass es auch in diesem Bereich um genuine Bildungsaufgaben geht und Bildung sich nicht etwa auf die sogenannten PISA-Bereiche, also auf Sprache, Mathematik und Naturwissenschaften beschränken kann. In den Einrichtungen selbst wird bislang jedoch weniger von (inter-)religiöser Bildung als vielmehr von *Erziehung* gesprochen. Allerdings ergaben unsere Nachfragen im Zusammenhang der empirischen Untersuchung, dass es sich dabei eher um sprachliche Gewohnheiten und also nicht um einen inhaltlichen Gegensatz wie „Erziehung statt Bildung" handelt.

---

3 Die Befunde der Einzeluntersuchungen sind in drei Bänden veröffentlicht worden; vgl. *A. Edelbrock/F. Schweitzer/A. Biesinger* (Hg.), Wie viele Götter sind im Himmel? Religiöse Differenzwahrnehmung im Kindesalter, Münster u. a. 2010; *A. Biesinger/A. Edelbrock/F. Schweitzer* (Hg.), Auf die Eltern kommt es an! Interreligiöse und interkulturelle Bildung in der Kita, Münster u. a. 2011; *F. Schweitzer/A. Edelbrock/A. Biesinger* (Hg.), Interreligiöse und interkulturelle Bildung in der Kita. Eine Repräsentativbefragung von Erzieherinnen in Deutschland – interdisziplinäre, interreligiöse und internationale Perspektiven, Münster u. a. 2011.

Weiterhin legen wir den Schwerpunkt auf *interreligiöse* Bildung, die mit der interkulturellen Bildung oder, wie es oft genannt wird, mit interkulturellem Lernen eng zusammenhängt, sich aber doch auch davon unterscheidet. Wir gehen von einem mehrschichtigen Verhältnis zwischen Kultur und Religion aus. Beides lässt sich nicht voneinander trennen: Kultur bestimmt die Religion, aber Religion auch die Kultur. Interkulturelles Lernen bleibt ohne Berücksichtigung der interreligiösen Dimension unzureichend. Türkische Kultur beispielsweise ist ohne den Einfluss des Islam gar nicht angemessen zu verstehen. Unser interreligiöser Schwerpunkt ist nicht als Isolation dieser Dimension aufzufassen, sondern als bewusste Profilierung des bislang weithin vernachlässigten Aspekts interreligiöser Bildung.

Die Befunde der empirischen Repräsentativbefragung von Erzieherinnen in Deutschland machen zunächst deutlich, dass eine multireligiöse Zusammensetzung der Kinder in den Einrichtungen inzwischen landauf landab zu einer alltäglichen Voraussetzung geworden ist. Das gilt ebenso für konfessionelle wie für nicht-konfessionelle Einrichtungen. Dabei sind, quantitativ gesehen, in religiöser oder weltanschaulicher Hinsicht besonders drei Gruppen hervorzuheben: christliche Kinder, konfessionslose Kinder und muslimische Kinder. Darüber hinaus kommen Minderheiten wie die jüdischen Kinder in den Blick, die ebenfalls nicht übergangen werden dürfen. Die multireligiöse Zusammensetzung der Kindergruppen führt dazu, dass ein darauf eingestellter (religions-)pädagogisch sensibler Umgang mit religiösen und weltanschaulichen Unterschieden als allgemeine Aufgabe von Kindertagesstätten zu bezeichnen ist. Dabei ist auch zu bedenken, dass nicht nur die aktuelle Zusammensetzung von Kindergruppen für diese Aufgabe entscheidend ist, sondern zugleich der Bezug auf das Leben in einer multikulturellen und multireligiösen Gesellschaft insgesamt. Insofern kann sich keine Einrichtung – etwa aufgrund eines Einzugsgebiets, das vielleicht besonders homogen ist – von dieser Aufgabe ausnehmen. Zu betonen ist auch, dass sich die Aufgabe interreligiöser Bildung keineswegs auf Einrichtungen in konfessioneller Trägerschaft begrenzen lässt. Alle Kinder haben ein Recht auf Religion und auf kompetente religiöse Begleitung, ganz unabhängig davon, in welcher Art von Einrichtung sie sich befinden. Seit der Verabschiedung der Kinderrechtserklärung der Vereinten Nationen ist dieses Recht auch offiziell verbrieft.[4]

---

4 Vgl. Übereinkommen über die Rechte des Kindes der Vereinten Nationen von 1989, Artikel 27,1; leider verdunkelt die deutsche Fassung, dass hier im Englischen und Französischen von „spiritueller" (spiritual) Entwicklung die Rede ist. Vgl. auch die Declaration on the Elimination of All Forms of Intolerance and of Discrimination Based on Religion or Belief der Vereinten Nationen von 1981: „Every child shall enjoy the right to have access to education in the matter of religion or belief ...". Siehe dazu insgesamt *F. Schweitzer*, Das Recht des Kindes auf Religion. Ermutigungen für Eltern und Erzieher, Gütersloh ²2005.

Aus dieser Perspektive belegen die Untersuchungsbefunde einen enormen Nachholbedarf an religiöser Begleitung sowie an interreligiöser Bildung. Die Bedeutung interkultureller Bildung wird in den Einrichtungen bislang deutlich höher eingeschätzt als die der interreligiösen Bildung. Dies könnte darauf zurückgeführt werden, dass der Anteil von Kindern mit Migrationshintergrund naturgemäß etwas größer ist als der von Kindern aus Elternhäusern mit nicht-christlicher Prägung. Allerdings zeigen die Angaben der Erzieherinnen, dass der Anteil der Einrichtungen, in denen verschiedene Religionen präsent sind, fast ebenso groß ist wie der von Einrichtungen mit Kindern mit Migrationshintergrund. Die Befunde lassen auch erkennen, dass die mitunter vertretene Auffassung, interkulturelle Bildung schließe die interreligiöse gleichsam automatisch mit ein, nicht der Realität in der Praxis der Kindertagesstätten entspricht. Die interreligiöse Sensibilität fällt in der Kindertagesstätte bislang deutlich geringer aus als die interkulturelle.

Das ist noch weiter zuzuspitzen: Die Bedeutung interreligiöser Bildung wird in den meisten Einrichtungen bislang nicht ausreichend wahrgenommen. Insofern stellt interreligiöse Bildung im Elementarbereich eine Zukunftsaufgabe dar, die in der Praxis noch entdeckt oder jedenfalls weit stärker als bisher aufgenommen werden muss. Erfreulicherweise zeichnet sich zugleich ab, dass es zumindest eine Anzahl von Einrichtungen gibt, die entsprechenden Aufgaben ausdrücklich eine hohe Bedeutung beimessen. Die Erfahrungen solcher Einrichtungen werden im vorliegenden Band als Best-Practice-Beispiele beschrieben. Diesen Einrichtungen gelingen offenbar schon heute und manchmal bereits seit Jahren Pionierleistungen auch im Blick auf interreligiöse Bildung.

Die dabei erzielten Erfolge können als ein Beleg für entsprechende Möglichkeiten angesehen werden. Zu wünschen ist hier ein Lernen in der Praxis von der Praxis, das durch die Darstellung der Best-Practice-Beispiele unterstützt werden soll. Impulsen aus der Praxis für die Praxis kommt im vorliegenden Zusammenhang eine besonders wichtige Funktion zu. Denn immer wieder wird – ganz zu Recht – auch auf die enormen Schwierigkeiten hingewiesen, die einer verstärkten Wahrnehmung interreligiöser Bildungsaufgaben in der Kita noch im Wege stehen. An erster Stelle wird dabei die Frage genannt, wie denn eine Erzieherin, die selbst zur evangelischen oder katholischen Kirche gehört oder die konfessionslos ist, muslimischen Kindern eine kompetente religiöse Begleitung bieten soll oder ob dafür muslimische Erzieherinnen eingestellt werden sollten. Im Folgenden werden auch solche Schwierigkeiten in ungeschminkter Form herausgearbeitet und werden Aufgaben und Perspektiven etwa für die Ausbildung und Fortbildung diskutiert.

Interreligiöse Bildung in der Kita: Aufgaben und Möglichkeiten

Die Herausforderungen liegen auf der Hand: Fast jedes neunte Kind in den Kitas in Deutschland weist den Schätzungen der Erzieherinnen zufolge eine islamische Religionszugehörigkeit auf – bei weiter steigender Tendenz. 84 % der Befragten geben an, dass es in ihrer Gruppe Kinder mit Migrationshintergrund gibt, und im Blick auf verschiedene Religionszugehörigkeiten sind es 77 %. Mehr als drei Viertel der befragten Erzieherinnen begegnen also im Alltag schon von der Zusammensetzung der eigenen Kindergruppe her der Frage, wie die Beziehungen zwischen Kindern mit unterschiedlicher Religionszugehörigkeit und religiöser Prägung angemessen berücksichtigt werden können.

Die Präsenz unterschiedlicher Religionen ist aber nicht nur eine Frage von Mitgliedschaften. Sie berührt auch ganz unmittelbar den Alltag in den Einrichtungen. So wird beispielsweise von 58 % der Erzieherinnen berichtet, dass Kinder in ihrer Einrichtung aus religiösen Gründen bestimmte Lebensmittel nicht zu sich nehmen dürfen. Religiöse Fragen sind insofern im Alltag der Einrichtungen durchaus präsent.

Auch über die Kindergruppen in der Kita hinaus begegnen interreligiöse Fragen den Kindern in alltäglicher Weise – sei es durch die Medien oder sei es in Gestalt von Wahrnehmungen in der Öffentlichkeit. Und schließlich werden alle Kinder, die heute in Deutschland aufwachsen, mit einer auf Dauer multireligiösen und multikulturellen Gesellschaft zurechtkommen müssen.

Zusammenfassend ist festzuhalten: Kindertagesstätten sind in besonderer Weise Orte, an denen Kinder und Erwachsene mit ganz unterschiedlicher Nationalität, Kultur und Religion zusammenkommen. Dies erklärt die Dringlichkeit interreligiöser Bildung, die den empirischen Befunden zufolge in den Einrichtungen aber weithin noch nicht wahrgenommen oder zumindest in der Praxis kaum aufgenommen wird. Die im vorliegenden Band beschriebenen Beispiele zeigen, dass es hier auch in der Praxis bewährte Möglichkeiten für eine erfolgreiche interreligiöse Bildungsarbeit in Kitas gibt.

Grundlage für gelingende interreligiöse Bildung ist Offenheit, Achtung und Wertschätzung für andere Kulturen und Religionen. Toleranz und Respekt sowie wechselseitige Anerkennung stellen zentrale Ziele für die pädagogische Arbeit dar. Sie gelten nicht erst ab dem Schulalter, sondern müssen in kindgemäßer Form von Anfang an auch die Arbeit in der Kita bestimmen.

Dazu gehört es, allen Kindern eine umfassende Begleitung im Prozess des Aufwachsens in der Pluralität zu geben, auch in religiöser Hinsicht. Eine solche Begleitung ist heute selbst für christliche Kinder nicht überall gesichert – vor allem in kommunalen Einrichtungen werden religionspädagogische Aufgaben nur von einem Teil der Einrichtungen wahrgenommen – mitunter wohl aufgrund der nicht zutreffenden Rechtsauffassung, dass eine religiöse Begleitung von Kindern in kommunalen Einrichtungen gar nicht zulässig sei[5]. Eine kompetente religiöse Begleitung muslimischer Kinder wird in den Einrichtungen in aller Regel bislang nicht geboten.

Beides sollte in Zukunft ineinander greifen: für jedes einzelne Kind eine religiöse Begleitung, die sich an der jeweiligen Religionszugehörigkeit, an der entsprechenden Prägung und am Elternhaus orientiert, sowie eine interreligiöse Bildung, die auf die Stärkung interreligiöser Sensibilität aller Kinder zielt.

Interreligiöse Bildung ist als Friedenserziehung zu begreifen und Friedenserziehung als interreligiöse Bildung. Beide zielen auf aktive und reflektierte Toleranz im Sinne wechselseitiger Anerkennung, von Respekt und Solidarität miteinander. Konkret bedeutet dies:

Interreligiöse Bildung muss in der alltäglichen Praxis der Kita fest verankert werden.

Das Bildungsangebot der Einrichtungen muss so ausgestaltet werden, dass es den Kindern möglich wird: *Wissen* über andere Religionen zu erwerben, um das, was sie häufig bei anderen Kindern in der Einrichtung wahrnehmen, überhaupt verstehen zu können; die Ausdrucks- und Praxisformen anderer Religionen durch eigenes *Erleben* kennen zu lernen; *Haltungen und Einstellungen* zu entwickeln, die von Offenheit und Toleranz, Respekt und Anerkennung geprägt sind; auch in religiöser Hinsicht mit anderen Kindern zu kommunizieren und so eine *religiöse Sprachfähigkeit* über die Grenzen der eigenen Religionsgemeinschaft hinaus zu erwerben. Dafür gibt es zahlreiche Möglichkeiten. Im Einzelnen sind exemplarisch zu nennen:

- Kindern und ihren Eltern gezielt Offenheit auch für deren Religion signalisieren sowie die Bereitschaft, über religiöse Fragen zu sprechen;
- Sensibel werden für religiöse Fragen von Kindern und das Kind in seiner eigenen Religiosität stärken;

---

5 Vgl. *H. de Wall*, Juristische Aspekte der interkulturellen und interreligiösen Bildung in Kindertagesstätten. In: *F. Schweitzer/A. Biesinger/A. Edelbrock* (Hg.), Mein Gott – Dein Gott. Interkulturelle und interreligiöse Bildung in Kindertagesstätten, Weinheim/Basel ²2009, 81–94.

- Religiöse Orientierungsbedürfnisse wahrnehmen und im pädagogischen All-tag bewusst aufnehmen, z. B. Kinderfragen nach Gott, nach Tod und Sterben;
- Zeit und Raum dafür einplanen, die Kinder in ihrer eigenen religiösen Iden-titätsbildung zu unterstützen und sie zum interreligiösen Austausch hinzu-führen;
- Erfahrungen von Kindern und Familien vor allem im Blick auf religiöse Fest-zeiten mit allen Kindern thematisieren: Advent und Weihnachten, aber eben-so Ramadan und Opferfest;
- Religion und Religionen in der Kita alltäglich erfahrbar machen, z. B. Ge-schichten vorlesen oder erzählen und dabei den Kindern deutlich machen: Das ist aus der Bibel, dem Buch der Christen; diese Geschichte steht im Koran, dem Buch der Muslime. Dabei kann auch sichtbar werden, dass wichtige Figuren wie Abraham, Mose und Jesus sowohl in der Bibel als auch im Koran vorkommen;
- Vernetzung mit dem Gemeinwesen auch in religiöser Hinsicht, etwa mit Kirchen- oder Moscheegemeinden;
- Besuche und Erkundungen von Kirchen, Moscheen und Synagogen mit möglichst allen Kindern.

Im Leitbild von Einrichtungen sowie in ihrer Konzeption sollte das Anliegen interreligiöser Bildung deutlich sichtbar gemacht werden.

Es muss klar werden, dass alle Kinder in der Einrichtung gleichermaßen willkom-men sind, gerade auch mit ihren unterschiedlichen religiösen und kulturellen Prägungen. Darüber hinaus sollte deutlich werden, dass diese Offenheit auch auf wechselseitiges Kennenlernen und Verstehen, auf Toleranz und Wertschätzung zielt. Im Einzelnen könnte dabei gezeigt werden:

- Wie leben wir Religion mit den Kindern?
- Welche religionspädagogische Begleitung bietet die Kita den verschiedenen Kindern?
- Wie soll interreligiöse und interkulturelle Bildung unterstützt werden?
- Warum ist es so wichtig, andere auch mit ihrer Religion wertzuschätzen?

Eine auf interreligiöse Bildung ausgerichtete materielle und räumliche Ausstattung jeder Einrichtung muss allgemeiner Standard werden.

Kinder und Eltern müssen schon bei der Ausstattung einer Einrichtung spüren, dass hier allen Kindern, ganz unabhängig von ihrer religiösen Herkunft, Anre-gungen geboten werden. Dabei spielt auch die Ausgestaltung der Räume eine wichtige Rolle. In der Gestaltung von Räumen liegt eine wichtige pädagogische

Voraussetzung für interreligiöse Bildung. Zugleich wird auch auf dieser Ebene die interreligiöse Offenheit erfahrbar gemacht. Im Einzelnen gehört dazu:

- Bei Bildern, Büchern, Spielzeug und weiteren Ausstattungsgegenständen sind unterschiedliche Kulturen und Religionen vertreten.
- Solche Ausstattungsgegenstände sollten so platziert sein, dass sie etwa bei einer Erstbegegnung von Eltern mit der Einrichtung leicht wahrgenommen werden können, etwa in der Ausgestaltung des Eingangsbereichs und der weiteren Räume mit Bildern und Symbolen.
- Die auf interreligiöse Bildung zielende Mindestausstattung muss Kindern die Möglichkeit eröffnen, sich beispielsweise ein Bilderbuch aus dem Regal zu holen, es für sich selber anzuschauen und Fragen dazu an die Erzieherin zu stellen.

Keine interreligiöse Bildung ohne Elternarbeit – keine Elternarbeit ohne Bezug auf interreligiöse Bildung!

Elternarbeit ist heute ein eigenes Aufgabenfeld für Kitas geworden, wie es auch die Entstehung von Familienzentren, Eltern-Kind-Zentren und Mütterzentren zeigt. Eine besondere Chance für Kitas ergibt sich schon daraus, dass die Erzieherinnen den Eltern vielfach täglich begegnen, wenn die Kinder gebracht und abgeholt werden. Hier gibt es kurze Wege, Möglichkeiten für Gespräche zwischen Tür und Angel und vor allem niederschwellige Zugänge und Kontakte.

Zur Klärung religionsbezogener Fragen sollten aber auch die herausgehobenen Begegnungen schon etwa bei der Anmeldung eines Kindes genutzt werden. In vielen Einrichtungen kommen dazu noch eigene Angebote der Elternbildung, bei Elternabenden oder bei besonderen Veranstaltungen. Im Einzelnen sind zu nennen:

- Beim Erstgespräch sollten unbedingt auch religiöse und religionspädagogische Fragen angesprochen werden. Eltern haben ein Recht darauf zu erfahren, was ihren Kindern in dieser Hinsicht geboten wird und wie die Einrichtung die religiöse Vielfalt in der Gesellschaft aufnimmt. Dazu gehört auch die entsprechende Erläuterung der Konzeption einer Einrichtung. Umgekehrt sollten die Eltern gefragt werden, welche religiösen oder kulturellen Prägungen und Praktiken ihnen besonders wichtig sind.
- In der Einrichtung muss bekannt sein, welche besonderen Rücksichten für ein bestimmtes Kind erforderlich sind – etwa bei religiös bedingten Speisevorschriften oder der Bekleidung.

- Die pädagogische Kompetenz der Eltern auch in religiöser Hinsicht stärken, durch religionssensible Anerkennung und durch gezielte Angebote der Elternbildung.
- Die religiöse Kompetenz von Eltern nutzen, etwa bei religiösen Festen: Eine muslimische Mutter kann den Kindern in der Einrichtung erklären, wie die Familie das Ramadanfest feiert. Oder wenn mit Kindern zum Beispiel über Tod und Sterben gesprochen wird, können eine muslimische und eine christliche Mutter in der Gruppe über ihre Vorstellungen sprechen.
- Von Anfang an muss den Eltern signalisiert werden, dass sie selbst in der Einrichtung offen und sensibel wahrgenommen werden. Zu vermeiden sind deshalb insbesondere allgemeine, mitunter vorurteilsbelastete Einordnungen nur nach der Religionszugehörigkeit. Innerhalb der Religionen gibt es große Unterschiede gerade in der Art und Weise, wie Religion in den Familien gelebt wird.
- Spezielle Aufmerksamkeit erfordert auch die religiöse Situation von Kindern in Familien, bei denen die Eltern verschiedenen Religionen angehören und denen es oft besonders schwer fällt, den Kindern eine religiöse Begleitung zu bieten.
- Im Blick auf die Elternarbeit spielt die Trägerschaft eine wichtige Rolle: Einrichtungen in kirchlicher Trägerschaft sollten Eltern mit anderer Religionszugehörigkeit vermitteln, dass sie hier mit ihrer Religion willkommen sind und dass die Kinder nicht von ihrem Glauben bzw. dem ihrer Eltern abgebracht werden sollen. Einrichtungen in kommunaler Trägerschaft sollten deutlich machen, dass auch sie offen sind für Religion und Religionen und dass sie sich um eine religionspädagogische Begleitung der Kinder bemühen, ohne dass die Rechte von Kindern und Eltern, die keine religiöse Erziehung wünschen, dabei verletzt werden.

Zur elementarpädagogischen Professionalität gehören auch der Umgang mit Religion und Religionen sowie die Wahrnehmung religionspädagogischer Aufgaben in der Begleitung der Kinder. Erzieherinnen müssen deshalb ihr professionelles und persönliches Verhältnis zu dieser Aufgabe klären und sich um eine entsprechende Kompetenz bemühen.

Besonders im Elementarbereich spielt die Persönlichkeit der Erzieherin eine entscheidende Rolle. Das gilt auch in religiöser Hinsicht. Da bei der Ausbildung religionspädagogische Kompetenzen häufig vernachlässigt werden, sind in dieser Hinsicht besondere persönliche Bemühungen erforderlich. Im Einzelnen bedeutet dies:

- Sich der eigenen religiösen Einstellung bzw. Haltung bewusst werden. Dabei müssen über die eigene religiöse Biografie (Was habe ich erlebt oder nicht erlebt? Wie bestimmt mich dies, positiv oder negativ?) hinaus auch andere Religionen einbezogen werden (Wie sehe und beurteile ich andere Religionen? Wie sehe ich den Glauben in anderen Religionen?). Auch Fragen konfessionsloser oder religiös nicht interessierter Erzieherinnen müssen bedacht werden (Was mache ich, wenn ich selbst nicht religiös bin, aber religionspädagogisch tätig werden soll?).
- Sich um Toleranz und Wertschätzung auch des religiös Fremden bemühen, etwa indem eigene und fremde Vorurteile bewusst werden.
- Die eigenen Kompetenzen für das Christentum, den Islam und das Judentum bzw. auch für andere Religionen stärken, vor allem durch die Beteiligung an entsprechenden Fortbildungsangeboten.
- Bewusste Wahrnehmung von Elternkontakten als Chance für interreligiöse Gespräche.

Religion, Religionen sowie interreligiöse Bildung sollten regelmäßig im Team der Erzieherinnen auf der Tagesordnung stehen.

Interreligiöse Bildung kann am besten dann wahrgenommen werden, wenn das Angebot vom ganzen Team getragen wird. Auf jeden Fall sind klärende Gespräche und verlässliche Absprachen im Team erforderlich. Im Einzelnen sind folgende Gesichtspunkte entscheidend:

- Die Offenheit für verschiedene religiöse Prägungen muss für alle Mitarbeiterinnen im Team gelten.
- Dazu gehören auch Offenheit und Akzeptanz untereinander (Jede ist mit ihrer Religiosität und auch Nicht-Religiosität willkommen). Auf dieses Ziel hin muss die Arbeit im Team bewusst angelegt sein.
- Religiöse Vielfalt im Team kann dazu genutzt werden, andere an den eigenen Kompetenzen teilhaben zu lassen und voneinander zu lernen. Auch wechselseitige Entlastungen können sinnvoll sein, etwa in Einrichtungen, in denen das dafür erforderliche Engagement nicht bei allen Erzieherinnen gleichermaßen gegeben ist.
- Die Planung interreligiöser Angebote sollte im Team erfolgen.
- Einladungen von Vertreterinnen und Vertretern verschiedener Religionsgemeinschaften können die Chance besserer Information sowie der Fortbildung enthalten. Darüber hinaus stärken sie die Vernetzung der Einrichtung im Gemeinwesen.

Aufgaben für die Träger

Erzieherinnen und Erzieher müssen sich gerade bei den manchmal schwierigen Aufgaben der interreligiösen Bildung von den Trägern ihrer Einrichtung unterstützt fühlen. Es dürfen keine Zweifel darüber aufkommen, dass interreligiöse Bildung und interkulturelle Kommunikation in der Kita auch von Trägerseite unbedingt erwünscht sind. Dazu müssen insbesondere folgende Voraussetzungen gewährleistet sein:

- Klare Kommunikationsstrukturen, die die Bedeutung der interreligiösen Bildung für die Einrichtungen unterstreichen und eine verlässliche Kommunikation zwischen den Verantwortlichen auf Trägerseite und den Erzieherinnen ermöglichen, auch als Grundlage für konstruktiv-kritische Rückmeldungen für die weitere Entwicklung. Der Auftrag an die Kindertagesstätten muss transparent gestaltet und programmatisch weiterentwickelt werden. Eine Würdigung der interreligiösen Bildungsarbeit der Erzieherinnen und Erzieher als einem schwierigen, aufwändigen und teilweise umstrittenen Bereich, der zu besonderen Innovationen herausfordert, ist äußerst wichtig. Das vielfach beklagte Fehlen einer intensiveren Zusammenarbeit zwischen Trägern und dem Kita-Team kann so überwunden werden; zudem wird Frustrationen und Isolierungstendenzen vorgebeugt.
- Die Träger müssen dafür sorgen, dass den Erzieherinnen genügend Zeit und Mittel für die Wahrnehmung von Fortbildungsangeboten im Bereich der interreligiösen Bildung zur Verfügung stehen. Dazu gehören auch die an manchen Orten schon erfolgreich praktizierten Möglichkeiten einer kollegialen Beratung, bei der sich Erzieherinnen aus verschiedenen Einrichtungen miteinander austauschen und ihre Erfahrungen weitergeben, auch durch gelegentliche Mitarbeit in einer anderen Einrichtung. Angesichts enger werdender Zeitbudgets in den Einrichtungen sowie konkurrierender Fortbildungsansprüche bedarf der Bereich der Qualifikation für interreligiöse Bildung besonderer Aufmerksamkeit und Unterstützung durch die Träger. Dringend zu empfehlen ist die Entwicklung eines Fortbildungsplans für die Erzieherinnen und Erzieher, in dem der Anspruch auf Fortbildung durch Freistellung festgehalten und zugleich interreligiösen Bildungsaufgaben ein fester Stellenwert zugewiesen wird.
- Die Verantwortlichen auf Trägerseite sollten immer wieder auch selbst an lokalen oder regionalen Fortbildungsveranstaltungen teilnehmen, sodass auch auf dieser Ebene ein Austausch und eine Qualitätsdiskussion stattfinden kann. In konfessionellen Einrichtungen ist es wichtig, dass die zuständigen Pfarrerinnen und Pfarrer die Einrichtungen bei interreligiösen Fragen unterstützen. Auch die Träger werden durch die Herausforderungen der interreligiösen Bildung mit neuen Anforderungen konfrontiert. Zum

Beispiel muss bei manchen Einrichtungen die Aufnahme von muslimischen Kindern – in welcher Anzahl bzw. in welchem Verhältnis zu christlichen und religionslosen Kindern – geklärt werden. In transparenten Rahmenvorgaben und offener Kommunikation liegen entscheidende Voraussetzungen für die Arbeit in den Einrichtungen im interreligiösen Bereich, die für die weitere Entwicklung – sowohl im Blick auf professionelle Standards als auch hinsichtlich der Motivation der Mitarbeiterinnen und Mitarbeiter – unerlässlich sind.

- Der Träger muss für sich selber klären, welche Bedeutung der religionspädagogischen Begleitung aller Kinder beizumessen ist, wie die religiösen Rechte aller Kinder gewahrt werden sollen und wie bestehende Konzepte deshalb weiterzuentwickeln und zu kommunizieren sind. Dies gilt für konfessionelle Kitas ebenso wie für nicht-konfessionelle Träger. Gerade mit Blick auf Wohngebiete, in denen Eltern bei der Auswahl der Kita wenig oder keine Alternativen haben, darf es nicht dem Zufall überlassen bleiben, ob Kinder die Chance einer religionspädagogischen Begleitung erhalten. Ausdrücklich abzuraten wäre davon, in konfessionellen Kitas nur katholische und evangelische Kinder aufzunehmen und muslimische Kinder eher auf kommunale Einrichtungen zu verweisen. Umgekehrt ist zu empfehlen, dass auch muslimische Kitas christliche Kinder aufnehmen. Die heute vielfach anzutreffende, religiös gemischte Zusammensetzung der Kindergruppen ermöglicht interreligiöse und interkulturelle Bildung in einer anderen Qualität und Intensität, als wenn die Kita nur von Kindern derselben Religionszugehörigkeit besucht würde.

- Weiter zu klären sind auch die Vorstellungen der konfessionellen Träger im Blick auf die Kirche. Vielerorts wird den Kitas auch die Aufgabe einer kirchlichen Sozialisation und der Entwicklung von Bindungen an die Kirchengemeinde zugewiesen. Hier muss deutlich werden, wie sich solche Erwartungen zu dem Auftrag einer religiösen Begleitung für alle Kinder verhalten und was der kirchliche Auftrag für die Aufgabe der interreligiösen Bildung bedeutet. Der Auftrag von Kitas erwächst nicht aus kirchlichen Bedürfnissen oder Erwartungen, sondern bemisst sich an den Kindern und an den ihnen zu eröffnenden Bildungsmöglichkeiten.

- Eine besondere Frage betrifft die Anstellung muslimischer Erzieherinnen. Während in den Kita-Teams inzwischen zahlreiche Herkunftsländer vertreten sind, weist die Zusammensetzung der Teams im Blick auf die Religionszugehörigkeit noch weit weniger Vielfalt auf. Die Mehrheit der Erzieherinnen ist entweder evangelisch oder katholisch. Daneben gibt es vor allem konfessionslose Erzieherinnen. Immerhin 11 % der Erzieherinnen geben allerdings an, dass es im Team auch eine Muslimin gebe. Dies ist insofern bemerkenswert, als konfessionelle Träger im Allgemeinen, d. h. mit begrenzten und genau definierten Ausnahmen, die Anstellung muslimischer Erzieherinnen ausschließen. Die Frage, die sich an dieser Stelle stellt, betrifft die kompetente Begleitung muslimischer Kinder in den Einrichtungen. Unter diesem Aspekt wäre es wünschenswert, mehr muslimische Erzieherinnen in den Einrichtungen zu haben. Die empirischen Befunde machen allerdings zugleich deutlich, dass eine solche Maßnahme für sich allein noch keine Lösung darstellt. Denn in den nicht-konfessionellen Einrichtungen sind sich die Erzieherinnen häufig unsicher, ob – über die eigene Religionszugehörigkeit im Sinne der Mitgliedschaft dann etwa zum Islam hinaus – auch entsprechende Inhalte im Alltag der Einrichtungen überhaupt eine Rolle spielen dürfen. Hier besteht offenbar ein erheblicher Klärungsbedarf. Bei den konfessionellen Einrichtungen stellt sich die Frage, wie sich das christliche Profil mit muslimischen Erzieherinnen verbinden lässt. In beiden Fällen muss deshalb zuerst eine klare Zielbeschreibung entwickelt werden, die sich auf die durch die Mitarbeit muslimischer Erzieherinnen eröffneten pädagogischen und religionspädagogischen Möglichkeiten bezieht. Auch eine eigene wissenschaftliche Begleitung bei der Entwicklung und Praxis solcher Zielbeschreibungen und Konzeptionen wäre wünschenswert.

Anforderungen an die Aus- und Fortbildung

Die Anforderungen an die Kitas machen für den interreligiösen und interkulturellen Bildungsbereich profilierte Ausbildungs- und Fortbildungskonzeptionen erforderlich. Den Angaben der Erzieherinnen zufolge fühlen sie sich durch ihre Ausbildung insbesondere auf die Herausforderungen durch die religiöse Vielfalt und auf den Umgang mit nicht-christlichen Religionen nicht ausreichend vorbereitet. Die Angaben machen auch deutlich, dass religionspädagogische Aufgaben bei der Ausbildung nur zum Teil wahrgenommen wurden. Insofern müssen solche Aufgaben in Zukunft schon bei der Ausbildung, gegenwärtig aber vor allem bei der Fortbildung verstärkt berücksichtigt und begleitet werden.

- In der Ausbildung ist in allen Ausbildungsstätten ein klarer religionspädagogischer Schwerpunkt zu setzen. Interreligiöse und interkulturelle Bildung muss in allen Einrichtungen realisierbar sein. Interreligiöse Bildung mit Blick auf Kinder, aber auch in der Elternarbeit muss daher eine elementare und unverzichtbare Bedeutung im Pflichtbereich der Aus- und Fortbildung gewinnen.
- Religiöse Feste spielen im Leben und Erleben der Kinder und der Familien oft eine hervorgehobene Rolle. Deshalb müssen Erzieherinnen mit der Bedeutung solcher Feste besonders vertraut sein. Wichtig ist es dabei, dass die Feste und Festzeiten der verschiedenen Religionen, denen die Kinder ange-

hören, auch aus ihrem inneren Bedeutungszusammenhang heraus erschlossen werden. Inhalt und Ziel der Fortbildung muss aber die religionspädagogische Reflexion des Feierns dieser Feste in der Kita und die Frage nach deren Realisierbarkeit sein. Religiöse Feste stehen für viele Menschen in einem Zusammenhang mit ihrem Glauben. Deshalb kann nicht jeder diese Feste feiern, auch nicht in der Kita. Dies hat Konsequenzen vor allem für die muslimischen Feste. Christliche Erzieherinnen können den Ramadan in der Regel nicht so authentisch erschließen wie etwa das Weihnachtsfest. Deswegen sind Fortbildungsangebote, aber auch Kooperationen in der Ausbildung erforderlich, an denen muslimische Expertinnen und Experten beteiligt werden. Ein weiterer Schwerpunkt sollte bei dem inzwischen vielfach bewährten Modell „interreligiöse Gastfreundschaft" liegen, bei dem etwa Mütter mit der entsprechenden Religionszugehörigkeit gezielt in die Einrichtung eingeladen werden, um dort vom eigenen Begehen eines Festes lebendig zu berichten.

- Aus- und Fortbildungskonzeptionen sind auch unter dem Aspekt von persönlicher Nähe und Distanz zu verschiedenen Religionen, aber auch zu Religion insgesamt zu entwickeln. Kinder haben ein sehr feines Gespür dafür, ob etwa ein bestimmtes Fest auch für die Erzieherinnen selbst bedeutsam ist. Hier ist ein besonders achtsamer und reflektierter Umgang erforderlich – geleitet von wechselseitigem Respekt und von religionssensibler Anerkennung.
- Der Erarbeitung von Modulen für die Praxis und ihre Einführung in der jeweiligen Kita könnte eine Schlüsselbedeutung für die weitere Entwicklung zukommen. In der Aus- und Fortbildung sollten deshalb gezielt in der Praxis bereits erprobte und bewährte Modelle im Sinne kollegialer Beratung und Begleitung für Veränderungsprozesse aufgenommen werden.
- Auch Konfliktthemen zwischen den verschiedenen Religionen dürfen nicht ausgeklammert werden. Beispielsweise unterscheiden sich Christentum und Islam deutlich in der Gottesvorstellung. Zwar nennt der Koran Jesus einen „Propheten", aber der Islam geht nicht wie das Christentum davon aus, dass in Jesus von Nazareth Gott zum Menschen geworden ist. Zugleich dürfen die Gemeinsamkeiten der Religionen nicht ausgeblendet werden, etwa dass in allen drei monotheistischen Religionen Gott der Schöpfer der Welt ist.
- Als programmatische Zielbestimmung kann auch für die Aus- und Fortbildung gelten: *Gemeinsamkeiten stärken – Unterschieden gerecht werden.* Bei interreligiösen Bildungsprozessen geht es in entscheidender Weise darum, die Gemeinsamkeiten auf allen Ebenen – auch emotional – wahrzunehmen und zu würdigen, zugleich aber auch die Unterschiede zu verstehen, anzuerkennen und den Kindern auch in dieser Hinsicht gerecht zu werden. Dies ist für die Aus- und Fortbildung eine wichtige didaktische Leitlinie. Sie hat sich in der evangelisch-katholischen Zusammenarbeit – der sogenannten „konfessionellen Kooperation" etwa im Religionsunterricht – vielfach bereits prak-

tisch bewährt[6] und kann, in entsprechend modifizierter Form, auch auf die interreligiös-pädagogische Zusammenarbeit angewendet werden. Die unterschiedlichen Profile der religiösen Wege werden dabei nicht einfach abgeschliffen, sondern werden selbst ein wichtiger Bestandteil des interreligiösen Austauschs und der Zusammenarbeit. Daraus erwachsen auch für die Kinder besondere Chancen. Wo die Gemeinsamkeiten aller Kinder hervorgehoben werden und zugleich die Besonderheit jedes einzelnen Kindes Anerkennung und Berücksichtigung findet, werden Kinder in ihrer Persönlichkeitsentwicklung unterstützt und können sie Kompetenzen für den Umgang auch mit religiösen und anderen Konfliktthemen ausbilden. Wenn Erzieherinnen in der Aus- und Fortbildung Kompetenzen für diese Aufgaben interreligiöser Bildung erwerben sollen, setzt auch dies die Beteiligung von Angehörigen verschiedener Religionen voraus, damit entsprechende Begegnungen und Klärungsprozesse möglich werden.

- Wenn Erzieherinnen die Möglichkeit erhalten, in ihrer Praxis auftretende Problemstellungen direkt mit den Fortbildenden zu besprechen und zu reflektieren, werden sie nicht nur fachlich geschult und inhaltlich sensibilisiert, sondern auch für die interreligiöse Bildungsarbeit motiviert und darin gestärkt, Vorbehalte abzubauen und den eigenen Standpunkt zu klären.

Perspektiven für die (Bildungs-)Politik

Im Blick auf die Bildungspolitik ist an erster Stelle eine weitreichende Vernachlässigung der interreligiösen Bildungsaufgaben nicht zu übersehen. Interreligiöse Bildung und ihre Voraussetzungen werden im Blick auf den Elementarbereich bislang so selten aufgenommen, dass geradezu von einer Verdrängung gesprochen werden muss. Die Nichtbeachtung, die bis hinein in die zuständigen Bundes- und Landesministerien reicht, lässt keine Entwicklung tragfähiger Zukunftsperspektiven für das Zusammenleben in einer multireligiösen Gesellschaft zu und muss deshalb einem grundlegenden, zugleich politischen und wissenschaftlichen Klärungsprozess unterzogen werden. Blockadehaltungen führen auch in diesem Bereich nicht weiter und sind nicht zuletzt der herausfordernden Situation in den Kitas ganz unangemessen. Auch wenn es vielleicht verständlich erscheint, wenn sich die Politik aus religiös heiklen und konfliktträchtigen Zusammenhängen am liebsten heraushalten möchte, wird sie um eine klarere Positionierung im Blick auf interreligiöse Bildung im Elementarbereich und vor allem nicht um die Entwicklung von Strategien herumkommen.

---

6 Vgl. *F. Schweitzer/A. Biesinger zusammen mit R. Boschki, C. Schlenker, A. Edelbrock, O. Kliss und M. Scheidler*, Gemeinsamkeiten stärken – Unterschieden gerecht werden. Erfahrungen und Perspektirven zum konfessionell-kooperativen Religionsunterricht, Freiburg i. B./Gütersloh 2002.

Wenn man die staatskirchenrechtliche Situation in Deutschland analysiert, dann ist religiöse Bildung im schulischen Bereich vor allem durch Artikel 7, 3 des Grundgesetzes abgesichert, aber auch durch Artikel 4 zur freien Religionsausübung, der die Religionsausübung gerade auch für den öffentlichen Bereich ausdrücklich gewährleistet. Dass entsprechende Bestimmungen zur religiösen und interreligiösen Bildung – abgesehen von den neuen Orientierungs- und Bildungsplänen für den Elementarbereich, die wenigstens zum Teil auch den Bereich der religiösen Bildung ausweisen und auf die deshalb im Folgenden noch eigens eingegangen wird – bislang fehlen, verweist auf einen rechtlichen und politischen Nachholbedarf. Auch immer wieder auftretende Fragen, Spannungen und Konflikte machen deutlich, dass auch für diesen Bereich klare Regelungen erforderlich sind.

Darüber hinaus ist von der Politik zu fordern, dass sie die elementarpädagogischen Einrichtungen auch bei den Aufgaben der interreligiösen Bildung weit entschiedener unterstützt, als dies bislang der Fall ist. Dazu gehört nicht zuletzt, dass die zuständigen Ministerien dafür sorgen, dass in ihren Bildungs- und Sozialberichten nicht länger die Religionszugehörigkeit von Kindern und Eltern übergangen oder verschwiegen wird. Auch die Kinder- und Jugendhilfestatistik muss um entsprechende Erhebungsmerkmale erweitert werden. Der inzwischen zu Recht viel beachtete Migrationshintergrund schließt eben vielfach auch unterschiedlicher Religionszugehörigkeiten ein, insbesondere eine Zugehörigkeit zum Islam. Auch für die Politik gilt offenbar, dass es weit leichter fällt, interkulturelle Bildung als isoliert interreligiöse Bildung zu behandeln. Auf diese Weise werden mögliche Spannungen und Konflikte aber lediglich verdrängt und werden zugleich Chancen vergeben, die aus der bewussten Wahrnehmung interreligiöser Bildungsaufgaben erwachsen.

Ein realistisches Bild der Situation sowie der damit verbundenen pädagogischen und religionspädagogischen Aufgaben kann nur gewonnen werden, wenn über die bloße Religionszugehörigkeit hinaus die in den Elternhäusern tatsächlich gelebten Formen von Religion in ihrer Vielfalt und Vielgestaltigkeit einbezogen werden. Dringend erforderlich sind deshalb auf Religion bezogene empirische Untersuchungen zu Eltern und Kindern. Dass bei der Ausschreibung von Forschungsprogrammen und -projekten solche Themen bislang sehr selten oder fast nie vorkommen, verweist auf einen klaren Nachholbedarf der Politik. Interreligiöse Bildung bedarf der wissenschaftlichen Begleitung – nicht weniger als andere Bereich der Bildung.

Orientierungs- und Bildungspläne

Ein erfreulicher Ausdruck der neuen Anerkennung des Bildungsauftrags und der Bildungsbedeutung der Kita sind die vor wenigen Jahren neu erstellten Orientierungs- und Bildungspläne, die nun in allen Bundesländern verfügbar sind. Erstmals wird hier konsequent sichtbar gemacht, dass es im Elementarbereich nicht nur um Betreuung und Erziehung geht, sondern auch um Bildung.

In vielen, wenn auch noch nicht allen Bundesländern weisen diese Pläne Bildungsaufgaben im Bereich etwa von „Sinn, Werte, Religion" eigens aus und geben Hinweise dazu, wie hier subjekt- und kindorientiert gearbeitet werden kann. Auf diese Weise erhalten religionspädagogische Aufgaben zumindest in manchen Bundesländern Verbindlichkeit in allen Einrichtungen, zumindest in dem Maße, in dem diese Pläne selbst schon verbindlich in Kraft getreten sind.

Religiöse Begleitung, Erziehung und Bildung werden zu Recht nicht etwa auf Einrichtungen in konfessioneller Trägerschaft begrenzt. Stattdessen steht nun – etwa im Sinne der Kinderrechtskonvention der Vereinten Nationen[7] – das Recht des Kindes auf Religion und religiöse Begleitung, das nicht auf bestimmte Einrichtungen beschränkt sein kann, ganz im Vordergrund. Auch kommunale Einrichtungen haben also einen religionspädagogischen Auftrag, ohne dass die Unterschiede in der Trägerschaft deshalb ihre Bedeutung verlieren. Auch bei der Umsetzung des religionspädagogischen Auftrags sollen die Einrichtungen die Möglichkeit haben, jeweils eigene, zu ihrem Profil passende Wege zu gehen. Ebenso versteht es sich von selbst, dass kein Kind gegen seinen Willen oder gegen den Willen der Eltern religiösen Beeinflussungsversuchen oder gar Indoktrinationsversuchen ausgesetzt werden darf.

Die Aufgaben einer interreligiösen Bildung werden dabei in den Orientierungs- und Bildungsplänen allerdings nicht immer mit der erforderlichen Klarheit beschrieben. Insofern bleibt ein Teil der Pläne noch deutlich hinter den Herausforderungen von Gegenwart und Zukunft zurück.

Eine religionspädagogisch-wissenschaftliche Begleitung bei der Einführung der Pläne wurde nicht eingerichtet. Die Befunde der aktuellen Repräsentativbefragung von Erzieherinnen in Deutschland verweisen in dieser Hinsicht jedoch auf weitreichende Probleme: Zum einen sind die Vorgaben der Orientierungs- und Bildungspläne im Bereich der religiösen und der interreligiösen Bildung den Einrichtungen offenbar gar nicht allgemein bekannt. Dies belegt wohl vor allem entsprechende Versäumnisse bei der Einführung der neuen Pläne. Zum anderen hal-

---

7 Vgl. oben, Anm. 4.

ten viele Erzieherinnen die entsprechenden Aufgaben für nicht umsetzbar. Daran ist abzulesen, dass es an einer wirksamen Unterstützung der Einrichtungen besonders in religiöser und – noch mehr – in interreligiöser Hinsicht fehlt. Vor diesem Hintergrund ergeben sich folgende Empfehlungen, vor allem für die Träger sowie für die hier zuständigen Landesregierungen und ihre Ministerien:

- Soweit die Orientierungs- und Bildungspläne für den Elementarbereich noch nicht verbindlich sind, sollten sie möglichst bald Verbindlichkeit erhalten.
- Wo die Orientierungs- und Bildungspläne noch keine Bestimmungen zur religiösen Begleitung der Kinder enthalten oder diese auf konfessionelle Einrichtungen beschränken, sollten sie – den Kinderrechten entsprechend – überarbeitet und ergänzt werden.
- Neben der religiösen Begleitung, auf die jedes einzelne Kind mit seiner Religion ein eigenes Recht besitzt, müssen auch die Aufgaben interreligiöser Bildung genauer beschrieben werden.
- Die Orientierungs- und Bildungspläne müssen im Blick auf die in ihnen enthaltenen religionspädagogischen Anforderungen stärker bekannt gemacht und in ihrer Begründung einsichtig gemacht werden.
- Die Einrichtungen brauchen auch bei der Umsetzung der religiösen und interreligiösen Aufgaben nachhaltige Unterstützung.
- Eine religionspädagogisch-wissenschaftliche Begleitung der Umsetzung der Orientierungs- und Bildungspläne ist zwingend erforderlich.

Aufgaben für die Wissenschaft

Kaum eine andere Dimension im Leben von Kindern wird in der wissenschaftlichen Kindheitsforschung derzeit so systematisch vernachlässigt wie Religion. Untersuchungen zum Aufwachsen in Deutschland gehen darauf nur ausnahmsweise und in der Regel eher am Rande ein. Die sozial- und erziehungswissenschaftliche Kinder- und Kindheitsforschung bietet bislang kaum Aufschlüsse zur religiösen Situation von Kindern oder Familien. Das gilt auch für die sogenannte neue Kindheitsforschung, die sich zwar von vorgefassten Sichtweisen frei machen will, aber in religiöser Hinsicht weithin einem traditionellen, in anderen Disziplinen längst überwundenen Säkularisierungsdenken verhaftet bleibt.

Ähnliche Defizite sind auch im Blick auf die von Ministerien oder Regierungen in Auftrag gegebenen Berichte zu verzeichnen. Der erste und bislang einzige Kinder- und Jugendbericht der Bundesregierung, in dem überhaupt vermehrt auf Religion in der Kindheit eingegangen wird, liegt inzwischen mehr als 13 Jahre zurück.[8] Auch der neueste, vom Deutschen Jugendinstitut vorgelegte Versuch, die vorliegenden Studien zur Kindheit in Deutschland zusammenfassend darzustellen, musste auf ein Kapitel zur Religion in der Kindheit verzichten – angesichts des weitreichenden Mangels an einschlägigen Daten.[9]

Was für Religion in der Kindheit ganz allgemein gilt, trifft noch mehr für die Situation des Aufwachsens in einer multireligiösen Gesellschaft zu. Die Deutschen Bildungsberichte, wie sie seit 2006 erfreulicherweise erstellt werden, berichten zwar über den Migrationshintergrund von Kindern. Ihre Religionszugehörigkeit oder religiöse Prägung wird hingegen auch hier übergangen.[10]

Wissenschaftliche Darstellungen zu Kindertagesstätten, sei es empirischer oder konzeptioneller Art, zeigen sich zwar zunehmend sensibel für kulturelle Unterschiede. Von Religion, Religionen und darauf bezogenen Fragen ist jedoch – mit Ausnahme vor allem der Veröffentlichungen der konfessionellen Trägerverbände[11] – kaum einmal die Rede.

Vor diesem Hintergrund kann die Empfehlung hier nur lauten, dass sich wissenschaftliche Untersuchungen zu Kindsein, Kindheit und Kinderbetreuung in Deutschland sowie zu Bildung in der Kindheit in Zukunft vermehrt und konsequent auf das vernachlässigte Thema Religion und Multireligiosität einlassen müssen. Die Bundesregierung sowie die Landesregierungen, die beispielsweise auf eine wissenschaftliche Begleitung der Umsetzung von religionspädagogischen Aufgaben in den neuen Orientierungs- und Bildungsplänen verzichtet haben, könnten und sollten hier eine besondere Verantwortung und Leitfunktion übernehmen. Ausschreibungen entsprechender Forschungsprojekte und Schwerpunkte sind jedenfalls auch in dieser Hinsicht längst überfällig.

---

8 Vgl. Bericht über die Lebenssituation von Kindern und die Leistungen der Kinderhilfen in Deutschland – Zehnter Kinder- und Jugendbericht, Deutscher Bundestag 13. Wahlperiode, Drucksache 13/11368 vom 25.8.1998.

9 Vgl. *S. Wittmann/T. Rauschenbach/H. R. Leu* (Hg.), Kinder in Deutschland. Eine Bilanz empirischer Studien, Weinheim/ München 2011.

10 Vgl. *Konsortium Bildungsberichterstattung*, Bildung in Deutschland. Ein indikatorengestützter Bericht mit einer Analyse zu Bildung und Migration, Dielefeld 2006, 143.

11 Literaturangaben sind im vorliegenden Band verzeichnet, vgl. S. 172 f.

II | Best-Practice-Beispiele zur interreligiösen und interkulturellen Bildung in Kindertageseinrichtungen

1 Durch Zusammenarbeit Gemeinschaft erleben

Katholische Kindertageseinrichtung St. Elisabeth,
Augsburg-Lechhausen

„Gemeinsames Tun schafft unheimlich viel Verbindung und Beziehung!"
Maria Marberger, Leiterin der Einrichtung

Die katholische Kindertageseinrichtung St. Elisabeth in Augsburg-Lechhausen ist eine große Einrichtung: Sie zählt 262 Kinder zwischen einem und zwölf Jahren, die in elf Gruppen betreut werden. Es gibt eine Krippengruppe, sieben Kindergartengruppen und drei Hortgruppen. Das Team umfasst 44 pädagogische Mitarbeiterinnen und Mitarbeiter und 9 weitere in der Verwaltung und im hauswirtschaftlichen Bereich.

Eltern und Kinder kommen aus zahlreichen Ländern und gehören unterschiedlichen Religionen an. 23 Nationen kommen hier zusammen. 42 Prozent der Kinder haben zwei Elternteile mit Migrationshintergrund. Rund die Hälfte der Kinder kommt aus einer Familie mit katholischer oder evangelischer Religionszugehörigkeit. Andere Kinder kommen aus orthodoxen und aus muslimischen Familien, jeweils ein Kind aus einer jüdischen und aus einer buddhistischen Familie. Dazu kommen noch die Kinder ohne Konfessionszugehörigkeit.

Lechhausen hat soziale Brennpunktgebiete. In der Einrichtung gibt es Kinder, deren Familien in Lechhausen fest verwurzelt sind. Andere Kinder leben noch nicht lange hier und haben vor Ort nur ihre Kernfamilie. Eigens erwähnt werden müssen die Kinder, die mit nur einem Elternteil aufwachsen – zumeist bei den Müttern. In dieser Kita trifft dies auf knapp die Hälfte der Kinder zu. Entsprechend großzügig sind die Öffnungszeiten: montags bis freitags von 6.30 bis 17.30 Uhr, donnerstags bis 19 Uhr. Es gibt keine Ferienschließzeiten, und in den Ferien können auch Geschwisterkinder betreut werden.

Das besondere Profil:
- Katholisch und offen für alle Religionen
- Bildungs- und Erziehungspartnerschaft – wir tun es gemeinsam
- Religion ist von Anfang an ein Thema
- Das Gebet gehört zum Alltag der Kita

Das Markenzeichen:
- All-inclusive-Kurzwochenenden: Stellen Sie sich vor – es ist 17.00 Uhr und die Kinder gehen *nicht* nach Hause ...

Katholisch und offen für alle Religionen

Maria Marberger ist seit 1993 Leiterin der Einrichtung. Aus tiefster Überzeugung sagt sie: „Wir sind eine katholische Einrichtung und gerade deshalb sind wir offen für andere Religionen." Sozialpädagogische Arbeit – oder soll man diakonische Arbeit sagen? – wird hier großgeschrieben: Das Kita-Angebot muss sich nach den Bedürfnissen der Familien richten. Es ist wichtig, die Familien zu entlasten. Ein Relief im Eingangsbereich, der Nächstenliebe gewidmet, ist ein augenfälliges Sinnbild dafür.

Helfen und Hilfe annehmen – die heilige Elisabeth

Aus dieser Grundhaltung wurde die Idee der regelmäßigen Kindergartenübernachtung geboren: Einmal im Monat können die Kinder von Freitag auf Samstag in der Einrichtung übernachten und dann bis 16 Uhr bleiben. Ein Markenzeichen – da sind Eltern und Kinder gleicher Meinung. Maria Marberger und ihr Team wissen, wie hilfreich dieses Angebot gerade für alleinerziehende Musliminnen ist. Oft bricht eine muslimische Großfamilie den Kontakt zu einer geschiedenen Frau vollständig ab und die Frauen sind dann ganz auf sich selbst gestellt. „Hier zeigen wir klar unsere Bereitschaft zur Erziehungspartnerschaft!", sagt Maria Marberger. Besondere Bestätigung erfuhr St. Elisabeth, als kürzlich eine Mutter beim Abholen ihres Kindes von der Kindergartenübernachtung beiläufig sagte: „Ich habe gestern Abend ganz in Ruhe gebügelt. Und nun geh ich mit Tim schwimmen. Ohne die Kita-Übernachtung hätte ich das nicht gemacht. Dann wäre ich viel gestresster und am Samstag wär's mir schon wieder bis Oberkante gestanden."

Das Kreuz – in der katholischen Einrichtung ein gängiges Symbol

Der Grund- und Leitsatz der Einrichtung „Du bist wertvoll, wichtig und angenommen. Du hast hier Deinen Platz" ist ganz groß auch auf der Homepage von St. Elisabeth zu lesen. Er gilt jedem der 262 Kinder. Frau Marberger erläutert: „Die monotheistischen Religionen haben alle einen Gott. Und ich weiß, dass alle diese Kinder Gottes Geschöpfe sind."

Bildungs- und Erziehungspartnerschaft – wir tun es gemeinsam

In ihren ersten Berufsjahren hatte Maria Marberger ein prägendes Erlebnis: Bei laufendem Betrieb wurde die gesamte Einrichtung eineinhalb Jahre lang sehr kostengünstig umgebaut. Eine Elterninitiative „Mithilfe am Bau" leistete über 2.500 Stunden Arbeit. Seit dieser Zeit weiß sie: Für interkulturelle und interreligiöse Arbeit braucht es besonders zwei Dinge – Akzeptanz und gemeinsames Tun! „Gemeinsames Tun schafft unheimlich viel Verbindung und Beziehung unter den Menschen und zugleich auch Akzeptanz." In der Einrichtung heißt es deshalb auch im Blick auf die Eltern: Wir packen es gemeinsam an. Da bietet zum Beispiel jede Gruppe einmal im Jahr das Elternbistro an. Bei elf Gruppen findet es jeden Monat statt – immer an einem Freitagmorgen bis 14 Uhr. Gemeinsam mit den Kindern backen, kochen und basteln die Gruppeneltern schon Tage zuvor. Die Produkte werden dann beim Elternbistro verkauft. Das Geld fließt in die Grup-

Durch Zusammenarbeit Gemeinschaft erleben | 41

Gemeinsames Tun – auch bei den Kindern ein wichtiger Grundsatz

penkasse und finanziert beispielsweise den nächsten Ausflug. Das Elternbistro ist ein fester sozialer Treffpunkt geworden: die Eltern, die Kinder bringen oder abholen, trinken etwas oder essen eine Kleinigkeit und sitzen mit anderen zusammen. Manche nicht erwerbstätige Mütter oder Väter verbringen schon mal auch den ganzen Vormittag dort. Und in der Nachbarschaft weiß man: Hier gibt es freitags leckere Sachen zum günstigen Preis.

Da der Zulauf zu klassischen Elternabenden mit Vortrag und Diskussion sehr gering war, verpflichtete sich die Einrichtung in der Elternarbeit ganz dem gemeinsamen Tun. So auch bei den gruppeninternen Eltern-Kind-Aktionen, die drei- bis fünfmal im Jahr stattfinden. Ziel ist, dass Kinder und Eltern die Zeit im gemeinsamen Erleben verbringen – etwa bei einem Spielnachmittag oder auch einem Ausflug zum Bauernhof, nachdem in der Gruppe das Thema „Tiere auf dem Bauernhof" behandelt wurde.

Religion ist von Anfang an ein Thema

Im persönlichen Aufnahmegespräch findet das gegenseitige Kennenlernen statt und es werden wichtige Grundfragen geklärt. „Diese Gespräche sind mir sehr wichtig, ich führe sie jedes Jahr selber", so die Leiterin. Da erzählen die Eltern, welcher Religion sie angehören und wie sie dies leben, und Maria Marberger be-

Kindergottesdienstvorbereitungen sind in der katholischen Kita St. Elisabeth obligatorisch

schreibt, wie Religion in der Einrichtung gelebt wird. So ist es obligatorisch, dass jede Gruppe einmal im Jahr mit den Erzieherinnen und dem Gemeindepfarrer einen sonntäglichen Kindergottesdienst vorbereitet. An der Vorbereitung nehmen alle Kinder teil. Die Teilnahme am Gottesdienst geschieht auf freiwilliger Basis.

Alle Kinder haben die Chance zu erfahren, wie katholischer Glaube positiv gelebt werden kann. Aber kein Kind wird zum katholischen Glauben gedrängt, was in den Aufnahmegesprächen auch betont wird. Die anderen Konfessionen und Religionen gelten als gleichwertig. Es kommt vor, dass Eltern im Aufnahmegespräch meinen, ihr Kind solle keine Kirche betreten. „Solche Eltern passen dann nicht hierher", unterstreicht die Leiterin. „Ich habe sie auf andere Kitas in Lechhausen verwiesen."

Das Gebet gehört zur Einrichtung

Eine einheitliche und gruppenübergreifende Lösung wurde für das Gebetsritual vor dem Essen gefunden. Ein Kind, das dies möchte, spricht ein Gebet. Es kann ein griechisch-orthodoxes Kind sein, ein katholisches oder ein muslimisches. Auch die Sprachen, in denen die Gebete gesprochen werden, sind unterschiedlich. Ebenso variieren die Handhaltungen: Manche Kinder falten die Hände, andere halten sie geöffnet. Im Anschluss machen die Erzieherinnen mit den Kindern, die dies wollen, das Kreuzzeichen. Nun kann die gemeinsame Mahlzeit beginnen.

Hort-Gruppenleiter Simon Drobina betont, dass Kinder auch die Verschiedenheit innerhalb der einzelnen Religionen kennen lernen. „Dass Religionen bei unseren größeren Kindern ganz klar Thema sind, merkt man immer wieder." So habe kürzlich ein Kind gefragt, ob in einer Moschee eigentlich alle Türkisch reden. „Unser Hortkind aus Kasachstan konnte direkt versichern, dass in seiner Moschee russisch gesprochen wird."

Anke Edelbrock

All-inclusive Kurzwochenenden: Stellen Sie sich vor – es ist 17.00 Uhr und die Kinder gehen nicht nach Hause …

In der katholischen Kindertageseinrichtung St. Elisabeth ist das seit drei Jahren einmal im Monat am Wochenende der Fall. Die Eltern wählen aus sieben Betreuungsprofilen aus. Das gesamte Angebot erstreckt sich von Freitag 17 Uhr bis Samstag 16 Uhr inklusive Vollpension für 20,50 Euro. Das kürzeste Betreuungspaket kostet 8 Euro und dauert freitags von 17 bis 20 Uhr. Bei „Vielübernachtern" übernimmt die Einrichtung bei jeder vierten Übernachtung den halben Beitrag: Kinder aus finanziell schlecht gestellten Familien lädt die Kindertageseinrichtung nach Absprache zum All-inclusive-Kurzwochenende ein.

Konkret sieht das dann so aus: Unter dem linken Arm die Isomatte, unter dem rechten das Lieblings-Kuscheltier, nun schnell noch einen Gute-Nacht-Kuss von Mama oder Papa und schon stehen die mutigen Kindergarten- und Hortkinder am Freitagabend vor den betreuenden Erziehern und Erzieherinnen … Sind alle Sachen verstaut und ist das Nachtlager bereitet, beginnt der vergnügliche Teil des Abends. Nach einem abwechslungsreichen Abendessen, mit Liebe von den Kita-Köchinnen zubereitet, warten spannende Aktivitäten auf die Kinder. Eine kleine Nachtwanderung, ein Kartenspiel-Turnier oder Bewegungsspiele in der Turnhalle sorgen für einen ausgefüllten Abend. Viele Kinder können es kaum erwarten, endlich einmal ungestört Zeit mit den Erzieherinnen und Erziehern zu verbringen oder freuen sich auf einen Abend und eine Nacht mit ihrem besten Freund.

Die Gute-Nacht-Geschichte vor dem Schlafengehen in vertrauter Runde

Es ist zu Hause wegen Platzmangels in der Regel nicht möglich, ein anderes Kind übernachten zu lassen.

Die Atmosphäre am Wochenende in der Kita ist besonders: Die rund 20 Kinder genießen die großen Räumlichkeiten, den lockeren Zeitplan und eine fast familiäre Atmosphäre. Gern packen sie mit an, beim Auf- oder Abbau des Matratzenlagers oder beim Auf- oder Abdecken des Tisches.

Auch die Zeit vor dem Zubettgehen ist besonders: gemütlich in den Schlafsack gehüllt, gibt es zunächst eine Gute-Nacht-Geschichte. Es folgt ein kurzer Tagesrückblick: Was war schön heute, was nicht? Der Erzieher oder die Erzieherin schließt mit einem Abendgebet, in dem die Runde Gott für den Tag dankt. Wer von den Kindern möchte, kann individuell einen Gebetswunsch formulieren. Oft ist es ein Dank oder auch die Bitte um Schutz in der Nacht, für sich selbst, für Freunde und Eltern. Geborgenheit in Gott – auch dies ist für einige der Kinder eine besondere Erfahrung des Wochenendes.

Turmbau

Welcher Gott dabei in den Gebeten angesprochen wird, danach wird nicht gefragt. Aber das gemeinsame, vertraute Ritual tut gut! Es verleiht den Kindern Sicherheit, Geborgenheit, Vertrautheit – ganz egal, welchen religiösen oder nationalen Hintergrund sie haben.

Auch die pädagogischen Fachkräfte sehen in der Übernachtung eine große Chance, die Beziehung zu den Kindern zu stärken und familiäre Gepflogenheiten – kulturelle wie religiöse – kennen zu lernen. Da auch Geschwisterkinder, die nicht mehr die Einrichtung besuchen, übernachten dürfen, lässt sich die Entwicklung dieser Kinder über Kindergarten- und Hortzeit hinaus verfolgen. Kinder und Eltern haben damit in St. Elisabeth verlässliche Ansprechpartner.

Nach der Nacht im Matratzenlager hört man schon das erste Rascheln und Flüstern. Nach und nach werden die Kinder wach. Einige dürfen beim Vorbereiten des Frühstücks helfen und decken liebevoll den Tisch. Beim gemeinsamen Frühstück mit frischen Semmeln geht's munter zu. Ganz nebenbei entwickeln die Kinder eine Frühstückskultur, die nicht alle von zu Hause kennen. Die „Großen" helfen den „Kleinen" beim Belegen der Brötchen, schenken frische Milch oder warmen Tee nach. Auch beim Aufräumen helfen einige fleißig mit.

Ein abwechslungsreicher Samstag, der individuell auf die jeweilige Altersgruppe abgestimmt wird, folgt. Gegen Ende des „All-inclusive-Kurzwochenendes" müssen der Rucksack gepackt und das Nachtlager aufgeräumt werden. Wenn Mama oder Papa dann zum Abholen kommen, ist die Freude groß. Die Kinder verabschieden sich und freuen sich darauf, wenn es wieder heißt: „Gute Nacht in der Kita!".

Simon Drobina, Birgit Heidrich, Maria Marberger

Impulse für die Praxis

- Eine Atmosphäre schaffen, in der es normal ist, über Religion zu reden. Es hilft, wenn Sie bereits in den Aufnahmegesprächen Religion ansprechen: Gehören die Eltern einer Religion an? Wie leben sie diese Religion in der Familie? Was ist den Eltern in Bezug auf Religion im Alltag der Kita für ihre Kinder wichtig? Auch den Eltern eine große Transparenz gewähren, indem Sie das religiöse und interreligiöse Profil Ihrer Einrichtung aufzeigen.
- Das Gebet als gemeinsames Ritual vor dem Essen: Lassen Sie Unterschiede, wie z. B. die Gebetshaltung, zu und unterstützen Sie sie.
- Sozialpädagogische Angebote für Eltern und Kinder gestalten: die Leitfrage „Was brauchen unsere Kinder und Eltern?" gibt dabei die Richtung an. In Augsburg werden Wünsche auch über einen Fragebogen abgefragt, den die Eltern einmal im Jahr erhalten.
- Erziehungspartner der Eltern sein und Verantwortung übernehmen.

2 Dattelbonbons zu Ramadan

Halima Kindergarten, Karlsruhe

„Kinder sollen von klein auf Toleranz miterleben und nicht wie die Erwachsenen nur auf Unterschiede achten, sondern auf Gemeinsamkeiten."
Mirela Dedajic, Leiterin der Einrichtung

Schon das Eingangsschild im Karlsruher Süden zeigt an: Das hier ist ein besonderer Kindergarten. Drei fröhlich aussehende Kinder mit verschiedenen Hautfarben halten einander an der Hand. Sie werden geführt von einer farbenfroh gekleideten Erzieherin mit grünem Kopftuch. Auf dem Schild steht in großen Lettern „Halima – unabhängiger Kindergarten von Muslimen e.V." Frohe Kinderrufe sind im Hintergrund zu hören, als die Tür des Halima Kindergartens sich öffnet: „Assalamualaikum!" und „Herzlich willkommen!"

Der Halima Kindergarten ist der erste islamische Kindergarten Baden-Württembergs. Nach langjährigen Vorbereitungen einer Elterninitiative wurde er 1999 eröffnet. Es sollte kein Kindergarten nur für muslimische Kinder werden, sondern vielmehr ein Kindergarten von Muslimen, der auch andersgläubigen Kindern offen steht. Das Ziel ist, eine bunte Gemeinschaft zu bilden, um – so das Konzept – der „Grüppchenbildung ausländischer Kinder" entgegenzuwirken. Heute besteht der Kindergarten aus 24 Kindern, zwei Erzieherinnen und einer Anerkennungspraktikantin. Gearbeitet wird situationsorientiert („Infans-Konzept"); gesprochen wird Deutsch. Sieben Nationen, unterschiedliche Kulturen und zwei Religionen, Islam und Christentum, leben miteinander in den liebevoll gestalteten Räumen des Kindergartens und bilden eine multikulturelle und multireligiöse Gemeinschaft.

Dattelbonbons zu Ramadan | 47

Das besondere Profil:
- Interkulturelle Erziehung: „Wir sind alle Kinder dieser Erde"
- Selbstverständliches Wahrnehmen der Feste verschiedener Religionen
- Interreligiöse Suche nach dem Gemeinsamen und Verbindenden

Das Markenzeichen:
- Ramadan und Weihnachten im Halima Kindergarten

Interkulturelle Erziehung: „Wir sind alle Kinder dieser Erde"

Die interkulturelle Arbeit ist Teil der multikulturellen Erziehung der Kita-Einrichtung. Respekt und Toleranz gegenüber anderen Kulturen stehen im Mittelpunkt.

Der Halima Kindergarten legt Wert darauf, dass in der Einrichtung die Kulturen, durch welche die Kinder geprägt sind, deutlich sichtbar und erlebbar werden. Der orientalisch gestaltete Spielraum ist nur ein Beispiel; Materialien wie Stoffe aus anderen Ländern geben weitere Einblicke in verschiedene Länder und Kulturen.

In Halima geht es viel um die Herkunftsländer der Kinder. Mit einer Erzieherin haben sie Präsentationen zu ihrem jeweiligen Land erarbeitet. Mit eingeflossen

Das orientalisch gestaltete Spielzimmer des Halima Kindergartens

in diese Arbeiten sind unter anderem von zu Hause mitgebrachte Gegenstände und Erinnerungen an Sehenswürdigkeiten. Im wöchentlichen Stuhlkreis stellen die Kinder anhand der Präsentation und mit Hilfe einer Erzieherin ihr Herkunftsland vor.

Das Kennenlernen und Zubereiten von Speisen aus fremden Ländern ist ein weiterer fester Bestandteil der interkulturellen Arbeit des Halima Kindergartens. Beim regelmäßigen Mutter-Kind-Frühstück – gern wahrgenommene Alternative zu Elternabenden – sind die Mütter eingeladen, mit ihrem Kind zusammen ein typisches Frühstück ihres Herkunftslandes vorzustellen. Dabei erfährt die Runde auch Wissenswertes etwa über den Anbau und die Nutzung der verwendeten Nahrungsmittel. Am Ende des Mutter-Kind-Frühstücks ziehen die Kinder Vergleiche zwischen den Spezialitäten der einzelnen Nationen. Couscous etwa gibt es in vielen Ländern zum Frühstück, manches Frühstück ist fast so üppig wie anderswo ein Mittagessen. Viele unterschiedliche Gewohnheiten und Speisen gibt es dabei zu entdecken, aber mindestens genauso viele Gemeinsamkeiten.

Annäherung an andere Kulturen durch Verkleidung

Selbstverständliches Wahrnehmen der religiösen Feste verschiedener Religionen

Die Religion eines jeden Kindes und einer jeden Familie hat in der Kita Platz – es geht nicht nach Mehrheitsverhältnissen. Die religiösen Feste werden in der Einrichtung selbstverständlich aufgenommen, so die Forderung der Leiterin, Mirela Dedajic. Die Religion aller Kinder ist fester Bestandteil. Im alltäglichen Vorleben und gemeinsamen Miteinander sollen die Kinder darin bestärkt werden, Liebe und Vertrauen zu Gott zu entwickeln. Die religiöse Bildung wird durch das Erzählen religiöser Geschichten aus Islam und Christentum, durch Singen, Beten und Feiern religiöser Feste gefestigt.

Vor dem Essen spricht die Gemeinschaft beispielsweise ein Gebet, am Ende der Mahlzeit danken alle Gott mit einem Gebet. In den wöchentlichen Stuhlkreisen werden immer wieder religiöse Themen aufgegriffen, beispielsweise zu den jeweiligen Festen. Die Kinder bekommen so eine Vorstellung davon, was zum Islam und was zum Christentum gehört.

Dattelbonbons zu Ramadan | 49

Die Kinder beim Gebet vor dem Mittagessen

Der Kindergarten hat seit seiner Entstehung immer einen Anteil christlicher Kinder. Daher werden außer den islamischen Festen auch die christlichen gefeiert. In der Einrichtung werden das Opferfest (Pilgerfahrt) und das Ramadanfest (Fastenbrechen) als wichtigste islamische Feiertage feierlich begangen. Mit den christlichen Kindern stimmt man sich im Advent auf Weihnachten ein mit Adventskalender oder Adventskranz, bastelt Laternen zum Martinsfest und feiert Ostern mit dem Sammeln von Ostereiern und dem Spiel „Hasen jagen im Wald".

Zu allen Festen bekommen die Kinder Geschenke von den anderen Kindern und von der Einrichtung. Respekt und Interesse, aber auch Offenheit soll den Kindern im alltäglichen Miteinander gegenüber anderen Religionen vermittelt werden. Das Kennenlernen der eigenen Religion, aber auch der „Nachbarreligion" ist dafür unabdingbar – auch um langfristig Vorurteile abzubauen.

Interreligiöse Suche nach dem Gemeinsamen und Verbindenden

„Gott hat die Welt erschaffen": Diese Aussage verbindet Christentum, Judentum und Islam. Die Auseinandersetzung mit der Schöpfungsgeschichte macht daher einen großen Teil der religiösen Arbeit im Halima Kindergarten aus.

Durch Gartenarbeit erfahren die Kinder die Schöpfung beziehungsweise die Natur als Geschenk Gottes. Sie lernen, dass auch sie Teil dieser Schöpfung sind und von Gott geliebt und geschützt werden. Immer wieder werden islamische wie auch

christliche Erzählungen und Traditionen aufgegriffen. Da finden sich viele Begeg-
nungspunkte beider Religionen. Beim Herstellen von Keksen etwa zum Opfer- und
zum Ramadanfest spüren sie rasch die Ähnlichkeit mit der Weihnachtsbäckerei.
„Bei den Keksen werden zwar die einen mit Datteln gefüllt, die anderen mit Nüs-
sen – aber das spielt ja keine Rolle", sagt Kita-Leiterin Mirela Dedajic. Und da zum
muslimischen Pilgerfest eine Pilgerfahrt gehört, liegt es nahe, dass die Kinder
auch mitbekommen, dass es im Christentum ebenfalls eine Pilger- und Wall-
fahrtstradition gibt.

Eine weitere Gemeinsamkeit zwischen den beiden großen Religionen bildet die
soziale Verantwortung: Gutes tun und Barmherzigkeit gegenüber Bedürftigen,
das gilt in beiden Religionen als von Gott gewollt. So werden gemeinsam Spenden
gesammelt für Opfer in Katastrophengebieten wie auch zu religiösen Feiertagen.
Die Erträge zählen die Kinder und bringen sie gemeinsam mit der Erzieherin zur
Bank. Das Einzahlen macht den Kindern viel Freude.

Das Entdecken von Gemeinsamkeiten soll die Fähigkeit stärken, mit Verschieden-
heiten zu leben und sich in Respekt, Toleranz und Offenheit zu begegnen. Der
Kindergarten will in diesem Sinne eine Plattform für die Eltern der Kinder und
für den gesamten Stadtteil bieten, damit ein multikultureller und multireligiöser
Austausch in gegenseitiger Wertschätzung gepflegt werden kann.

Annegret Maile, Anke Edelbrock

Ramadan und Advent im Halima Kindergarten

Muslimische und christliche Halima-Kinder feiern ihre jeweiligen religiösen Feste in unserer Einrichtung gemeinsam, aber mit dem Blick auf das jeweils „Eigene". Die Beispiele vom Ramadanfest und vom Advent verdeutlichen, wie dies gemacht werden kann.

Ramadan im Halima Kindergarten

Die Kinder bestaunen das nachtblaue Tuch mit den funkelnden Sternen und dem
Neumond an der Wand im Gruppenraum. Ein Zeichen dafür, dass der besondere
Monat Ramadan begonnen hat. Die Kinder kennen den aus Holzteilen gebastelten
Mond aus den vergangenen Jahren und wissen, dass im Laufe des Monats jeden
Tag eine Holzsichel abgehängt bzw. angehängt wird, um so einen Halbmond oder
Vollmond zu formen. Natürlich ist die tägliche Gestaltung des Mondes mit einem

Ritual verbunden. Doch zuerst kommt ein Tischspruch, denn es ist Zeit zum Frühstücken:

*Lirum larum Löffelstiel,
kleine Kinder essen viel,
die Großen müssen fasten,
das Brot, das liegt im Kasten.*

Als nächstes steht „Kekse backen" auf dem Programm. Während die Großen fasten, genießen die Kleinen die traditionell arabischen Kekse mit Dattel- oder Nussfüllung, die in manchen muslimischen Familien besonders beim Ramadanfest nicht wegzudenken sind.

Gegen Ende der Kindergartenzeit wird im Sitzkreis eine Ramadangeschichte erzählt. Verschiedene Kinder führen diese Geschichte als Rollenspiel einen Monat lang auf. Sie handelt von einem kleinen Mädchen, das von seiner Mutter zum Brotkaufen geschickt wird. Auf dem Nachhauseweg trifft die Kleine auf ein armes Mädchen und bricht ein Stück vom Brot ab und reicht es dem Mädchen. Das Rollenspiel vermittelt den Kindern spielerisch, soziale Verantwortung für Mitmenschen zu übernehmen. Die Geschichte endet mit einem schönen Ramadanlied:

*Nun alle ihr Muslime,
wo immer ihr auch wohnt,
das Fasten hat begonnen
zum Zeichen steht der Mond.*

*Der Hilal (Halbmond) ist gewachsen
bis zum vollen Mond,
doch weiter müssen wir fasten,
wir werden dafür belohnt.*

*Nun nimmt der Mond bald ab
und wird ganz klein,
zu sehen ist ein Hilal fein,
dies soll die Zeit des Festes sein.*

Die Ramadangeschichte

Zum Gesang darf nun ein Kind den Mondkalender in die passende Form setzen, je nachdem, ob der Mond zu- oder abnimmt. Die zweite besondere Tradition im Halima Kindergarten ist das Dattelritual als Aktion vor dem Nach-Hause-Gehen. Damit die Kinder das Fasten besser verstehen, bekommt jedes von ihnen eine Dattel als Bonbon eingepackt. Erst zum Einbruch der Dunkelheit, also zum Iftar, darf es verzehrt werden. Natürlich gibt es auch hierfür ein Lied, während ein Kind das Verteilen der „Dattelbonbons" übernimmt.

Wenn die Sonne untergeht
und der Mond am Himmel steht
nun das Fastenbrechen beginnt,
und eine Dattel bekommt jedes Kind.

Die Erfahrung zeigt, dass die jüngeren Kinder die Bonbons sofort auspacken und verspeisen; die bereits Erfahreneren warten die Zeit des Fastenbrechens geduldig ab. Am nächsten Tag berichten die Kinder stolz über ihr geduldiges Ausharren bis zum Abendessen ...

Nun geht ein Kindergartentag auch schon zu Ende, doch noch lange nicht der Ramadan im Halima Kindergarten. Es stehen noch einige Aktionen bevor, so die Spende für die Bedürftigen. Die Kinder gestalten die Spendenaktion aktiv mit, vom Basteln der Spendendose bis zum persönlichen Besuch bei der Sparkasse.

Weiter auf dem Programm steht ein Treffen mit dem Kindergarten in einem Asylbewerberheim. Die Halima-Kinder bereiten für ihre Freunde dort eine kleine Aufmerksamkeit vor.

Zum krönenden Abschluss gibt es selbstverständlich ein Fest des Fastenbrechens (Id-Feier) gemeinsam mit den Eltern und Kindern. Auch zu diesem Anlass sind die Kinder fleißig und basteln Geschenke für ihre Liebsten.

Adventszeit im Halima Kindergarten

Die Adventszeit begrüßen die Halima-Kinder mit einem Adventskranz, ausgestattet mit vier Kerzen. Im Stuhlkreis dürfen die Kinder, die auch zu Hause dieses Fest feiern, jede Woche in Begleitung eines Gedichtes eine Kerze anzünden.

Advent, Advent,
ein Lichtlein brennt!
Erst eins, dann zwei, dann drei, dann vier,
dann steht Weihnachten vor der Tür!

Bei Kerzenschein werden traditionelle Weihnachtslieder wie „O Tannenbaum, o Tannenbaum" gesungen.

Natürlich darf auch die Weihnachtsgeschichte nicht fehlen. Da im Halima Kindergarten derzeit nur muslimische Erzieherinnen arbeiten, spricht die Leiterin gezielt engagierte christliche Eltern darauf an, ob sie Lust hätten, im Kindergarten an mindestens vier Terminen während der Adventszeit von Weihnachten und der Geburt Jesu zu erzählen. Gern sind christliche Eltern dazu bereit. Vor der Weihnachtskrippe erzählen die Eltern, und die Kinder hören gespannt zu. Wer ganz besonders gut zugehört und zugeschaut hat, darf bei den nächsten Lesungen mit den Krippenfiguren die Weihnachtsgeschichte für die anderen nachspielen.

Auch die Bräuche der Adventszeit werden im Halima Kindergarten aufgegriffen. Besonders gut schmecken in dieser Zeit der selbstgemachte Kinderpunsch, Nüsse, Äpfel und Apfelsinen. Selbstverständlich darf das Plätzchenbacken ebenso wenig fehlen wie das Basteln kleiner Geschenke für die Eltern. Bevor alle in die Weihnachtsferien starten, beendet eine Feier mit allen zusammen die Adventszeit im Halima.

Mirela Dedajic

Impulse für die Praxis

- Um die Kinder der Einrichtung bei der Thematisierung ihrer Kultur und Religion unterstützen zu können, ist es wichtig, dass Sie Grundkenntnisse der verschiedenen Religionen haben.
- Die verschiedenen Religionen im pädagogischen Alltag mit den Kindern regelmäßig thematisieren. Hören Sie den Kindern gut zu und nehmen Sie Kinderfragen oder Aussagen zur Religion im gemeinsamen Gespräch auf.
- Die Kinder basteln füreinander zu den verschiedenen religiösen Festen kleine Geschenke und beglückwünschen sich zum Fest. Die Kinder nehmen so die religiöse Vielfalt bewusst wahr und lernen, sich gegenseitig zu achten.
- Einzelne religiöse Themen, wie z. B. die Schöpfungsgeschichte, können im Hinblick auf die verschiedenen Religionen erarbeitet werden. Besteht die Möglichkeit, dass zwei pädagogische Fachkräfte mit unterschiedlicher Religionszugehörigkeit die Erarbeitung übernehmen?

3 Unterschiede erfahren – Gemeinsamkeiten entdecken

Integrationskindertagesstätte Schnorrstraße 50, Dresden

„Wir geben den Kindern die Möglichkeit, mit Vielfalt aufzuwachsen. Da bei uns so viele verschiedene Kinder sind, erfahren die Kinder: Es gibt unterschiedliche Menschen und wir sind dennoch alle gleich und können miteinander aufwachsen."

Dorothea Hoberg, Sozialpädagogin der Einrichtung

Die städtische Kindertagesstätte Schnorrstraße 50 liegt mitten in Dresden, ganz nahe bei der Universität. Viele Kinder stammen aus Familien, die eng mit der Uni verbunden sind. Sie gehören insgesamt 20 Nationalitäten an. Ein Fünftel von ihnen hat einen Migrationshintergrund; die größte Gruppe kommt aus Vietnam. Insgesamt betreut die Einrichtung 166 Kinder im Alter von 1 bis 7 Jahren in vier Krippen-, drei Kindergarten- und drei Integrationskindergartengruppen. Die Religionszugehörigkeit ist in der Statistik der Kita nicht aufgenommen. Das Team besteht aus 22 pädagogisch geschulten Mitarbeiterinnen. Dazu gehören die Leiterin, ihre Stellvertreterin, 15 Erzieherinnen, drei Kolleginnen mit heilpädagogischer Zusatzqualifikation, eine pädagogische Hilfskraft für die Krippe und eine Sozialpädagogin im Handlungsprogramm „Aufwachsen in sozialer Verantwortung".

Das besondere Profil:
- Bezug zur Lebenswelt der Kinder
- Unterschiede erfahren, um Gemeinsamkeiten zu entdecken
- Miteinander feiern, um einander kennen zu lernen

Das Markenzeichen:
- Kinderfest als Begegnungsort der Kulturen

Bezug zur Lebenswelt der Kinder

Der Schwerpunkt der städtischen Kita liegt auf der interkulturellen Arbeit. Dabei ist der Sozialpädagogin Dorothea Hoberg klar, dass Kultur von der Religion entscheidend mitgeprägt wird, „so dass die Einrichtung sich mit den verschiedenen Religionen und Kulturen, die im Haus vertreten sind, befassen muss." Die Kinder sollen lernen, sich mit ihrer eigenständigen Persönlichkeit wahrzunehmen. Das Team nimmt nicht nur das Kind an sich in den Blick, sondern auch seinen prägenden familiären Hintergrund. Im Aufnahmegespräch werden die Eltern gefragt, was ihnen für ihr Kind wichtig ist und was die Einrichtung über es wissen sollte. Diese Gespräche finden in Deutsch, Englisch oder mit Dolmetscher statt. Aufnahmeformulare gibt es in verschiedenen Sprachen.

Jedes Kind besitzt ein ICH-Buch mit Fotos von ihm selbst, seiner Familie, von Freunden, Großeltern und Dingen, die ihm lieb sind. Mit Hilfe dieser Bücher können die Kinder sich gegenseitig ihre Familien vorstellen und so über Kultur und Religion ins Gespräch kommen. Warum geht es in einer vietnamesischen Familie bunter zu und warum tragen manche türkische Frauen Kopftuch? Wenn die Kinder sich ihre Fotobücher zeigen, findet sich auf fast jede Frage eine Antwort. Die pädagogischen Fachkräfte greifen auf, was die Kinder verhandeln, und dringen gemeinsam mit ihnen tiefer in die Hintergründe ein.

Zeichensprache kann sehr nützlich sein

Unterschiede erfahren, um Gemeinsamkeiten zu entdecken

Auch im Spiel mit den Bausteinen können die Kinder erfahren, wie unterschiedlich jedes von ihnen ist. Neben normalen Bausteinen besitzt die Kita auch einen

Mit Hilfe eines Bausatzes können die Kinder eine Moschee nachbauen

Kinder unterschiedlichster Nationen legen eine Kirche mit Zwiebeltürmen

„Moscheenbausatz" sowie ein weiteres Spiel, mit dem neben Häusern auch Kirchen mit Zwiebeltürmen gebaut werden können.

Der Fantasie sind kaum Grenzen gesetzt: Je nach ihren Erfahrungen entstehen in der Spielwelt Häuser, Kirchen und Moscheen aus verschiedenen Regionen. Ein Kind etwa, das im Urlaub mit den Eltern deren Herkunftsland besuchte und dort von den prunkvollen Moscheen beeindruckt war, wird begeistert ein solches Prachtgebäude im Kleinen nachkonstruieren und seinen Freunden zeigen wollen. Dabei sprechen die Kinder über die verschiedenen Gebetshäuser, die sie kennen und mit ihren Eltern besuchen. So kommen sie auch ins Gespräch über Religion und Religionen. Dabei spielt auch der große Globus eine wichtige Rolle, an dem die Kinder den anderen zeigen können, wo sie im Urlaub waren und wo „ihr" Land liegt. Die Erzieherinnen können solche Gespräche aufgreifen, um allen zu zeigen, wo die Eltern der verschiedenen Kinder herkommen. Dabei sollen die Kinder erkennen, dass jedes Kind anders ist. Diese Unterschiede sollen dann akzeptiert werden, um darin wieder Gemeinsamkeiten zu finden – so beispielsweise, dass bei allen Unterschieden alle Kinder doch Kinder sind und gut miteinander aufwachsen können.

Die Einrichtung nimmt am Handlungsprogramm „Aufwachsen in sozialer Verantwortung" teil. Ziel ist es, Kinder aus benachteiligten Familien so zu fördern und zu unterstützen, dass sie erfolgreich lernen und glücklich aufwachsen können. Die Kindertagesstätte mit ihrem expliziten Bildungs- und Erziehungsauftrag und ihrer umfassenden Kenntnis der Familienumstände soll dazu Konzepte entwickeln und sie erproben. Unterstützt wird sie dabei von der „Arbeitsstelle Praxisberatung, Forschung und Entwicklung" der evangelischen Hochschule Dresden. Hierfür konnte eine sozialpädagogische Mitarbeiterin, eben Dorothea Hoberg, gewonnen werden.

Miteinander feiern, um sich kennenzulernen

Die Mitarbeiterinnen der Kita haben überlegt, welche Feste ihnen in der deutschen Kultur wichtig sind. Diese Feste werden auf jeden Fall in der Einrichtung gefeiert: Weihnachten, Ostern und Fasching. Für muslimische Kinder und deren Familien spielt das Ramadanfest eine große Rolle, für die vietnamesischen das Tet-Fest, ihr Neujahrsfest. Das Tet-Fest ist in allen Ländern Ostasiens der Höhepunkt des Jahres, deswegen sollen auch die vietnamesischen Kinder in Dresden es feiern können. Nach dem Glauben der Vietnamesen werden dazu einen Tag vor Neujahr die Küchengeister, die eng mit dem Familiengeschehen vertraut sind, angerufen, damit sie von den Menschen berichten. Dieser Bericht erfolgt meist in Form einer Theaterinszenierung. Zudem werden die bösen Geister und die

Gemeinsam träumt es sich am besten

schlechten Ereignisse des letzen Jahres durch Lärm und einen Drachen, den traditionellen Glücksbringer, vertrieben. Für die Kita bedeutet dies: Die Räume werden mit Hilfe der Eltern traditionell geschmückt, meist mit Pfirsich-, Kirsch- oder Aprikosenblüten. Als Festessen gibt es „Banh Chung", das sind in Bananenblätter gewickelte Klebreiskuchen. Ob christlich, muslimisch oder asiatisch: Die Feste sind nicht nur Sache der Kinder, sondern auch der Eltern.

Stefanie Fritz, Anke Edelbrock

Kinderfest als Begegnungsort der Kulturen

Ein Sprichwort sagt, man solle „die Feste feiern, wie sie fallen", denn Feiern machen das Leben bunter. Darum veranstaltet die Kita einmal im Jahr ein großes, fröhliches und buntes Fest gemeinsam mit allen Kindern der Einrichtung und deren Familien und Freunden.

Das Team wählt einen Tag für das Fest. Damit alle Familien mitfeiern können, wird der muslimische Fastenmonat Ramadan ausgeschlossen. Team und Elternbeirat bestimmen ein Thema für das Fest, planen und bereiten es vor. Dann entwerfen die Organisatoren Einladungen und Aushänge für den Festtag. Der Gemeinde-Dolmetscher-Dienst in Dresden übersetzt die Texte in die Sprachen, die in der Einrichtung am häufigsten gesprochen werden. Ein arabischer Vater hilft gern bei der Übersetzung ins Arabische.

Eine Woche vor dem Fest erhält jede Familie nochmals einen Handzettel mit der Einladung. Überwiegend Eltern deutscher Herkunft sind es, die planen und organisieren. Die Familien anderer Herkunftsländer sehen mangelnde Sprachkenntnisse als Hürde und engagieren sich lieber bei der Vorbereitung landestypischer Speisen. Die Kinder aller Gruppen bereiten einen kleinen Programmhöhepunkt vor und helfen beim Herstellen kulinarischer Köstlichkeiten fürs Café.

Am Festtag schmücken Erzieherinnen und einige Eltern gemeinsam mit Kindern das Gelände, bereiten die Aktionsstände vor, bauen das Café und die Grills auf. Am Kinderfest dürfen alle Familien aus dem Wohngebiet teilnehmen. Schöne Beobachtung seit Jahren: Die Feste werden besonders gern von Familien mit Migrationshintergrund angenommen.

Die Kinder eröffnen das Fest mit einem Programm, das die Gäste genießen und die Väter filmen. Alle können sich aktiv am Fest beteiligen. Im Café gibt es verschiedene Obstkuchen, chinesischen Soft-Zitronenkuchen, vietnamesische Sesambällchen, Frühlingsrollen, koreanisches Sushi, syrisches Honig-Mandelgebäck, jugoslawische Spinat-Blätterteig-Schnecken und viele andere internationale Köstlichkeiten.

Zusammen spielen macht Spaß

Danach legen zwei muslimische Väter Geflügelfleisch auf einen von der Kita bereitgestellten Grill. Auf einem zweiten grillt ein anderer Vater Schweinefleisch. Zwei verschiedene Grillstationen, ein Ziel: Die religiösen Speisevorschriften sollen nicht verletzt werden. An Bastel- und Aktionsständen vergnügen sich die Kinder alleine, mit Freunden oder Eltern. Die Schlange beim Kinderschminken bis zum Ende des Kinderfestes wird nicht kürzer. Prinzessinnen, Spidermen, Marienkäfer, Power Ranger und Tiger verlassen selig lächelnd den Stand, um zum nächsten zu wechseln.

Das Miteinander der Kulturen ist im Café besonders deutlich zu beobachten. Eltern verweilen und reden mit Tischnachbarn. Durch die Freundschaften der Kinder kommen sich Eltern unterschiedlicher Nationalitäten näher. Sie tauschen sich über ihre Kinder aus oder sprechen sich ab, ob sich die Kinder gegenseitig besu-

Unterschiede erfahren – Gemeinsamkeiten entdecken | 59

chen können, den Nachmittag miteinander verbringen oder sich zum Kindergeburtstag einladen.

In Gesprächen mit den Kindern kann man erfahren, dass die Andersartigkeit, die sich in Aussehen oder Kleidung zeigt, für die Kindergartenkinder keine vorrangige Rolle im Miteinander spielt. Sie genießen das Zusammensein und die gemeinsamen Aktivitäten, ohne auf das Woher zu schauen.

Mit dem Kinderfest bietet die Kita Familien eine Plattform, ungezwungen verschiedenen Kulturkreisen zu begegnen und miteinander in Kontakt zu kommen. Die Erwachsenen können sich über das Verbindende – ihre Kinder – austauschen, egal welcher Herkunft sie sind oder welcher Religion sie angehören.

Auch in diesem Jahr gibt es in der Kita wieder ein Kinderfest, dieses Mal stehen Sportspiele im Mittelpunkt. Vielleicht gelingt es ja, Familien zu gewinnen, die typische Spiele aus der Heimat gemeinsam mit allen ausprobieren.

Dorothea Hoberg

Impulse für die Praxis

- Nutzen Sie nach den nächsten Ferien Souvenirs der Kinder als Impulse, um mit der Gruppe über das Urlaubsland und seine Kultur und Religion ins Gespräch zu kommen. Interkulturelles und interreligiöses Lernen kann so personenbezogen stattfinden.
- Sowohl bei kulturellen als auch bei religiösen Fragen den Blick für Unterschiede und Gemeinsamkeiten schärfen.
- In Dresden fördern die ICH-Bücher den interreligiösen und interkulturellen Austausch zwischen den Kindern. Wäre so etwas auch bei Ihnen möglich?
- Bei kulturellen und religiösen Festen die Eltern aktiv mit einbeziehen.
- Einen Kita-„Nationenkatalog" erstellen mit den wichtigsten Informationen über die in der Kita vertretenen Nationen, deren Kultur und Religion.

4 | Hemmschwellen abbauen und Wege ebnen

Katholische Tageseinrichtung für Kinder Liebfrauen, Mainz

„Interkulturelles und interreligiöses Arbeiten sollte man nicht zu sehr vermischen. Wie Religion gelebt wird, ist schließlich unabhängig vom Land. Man kann eine Kultur haben, aber sich für eine andere Religion entscheiden. Man ist frei."
Funda Heder, interkulturelle Fachkraft

Die katholische Kita Liebfrauen liegt in einem sozial schwachen Umfeld in der nördlichen Mainzer Neustadt. Früher nannte man den Stadtteil das „Harlem von Mainz". Dies gehört jedoch der Vergangenheit an. Was bleibt, ist ein multikultureller Stadtteil. 65 Kinder im Alter von zwei bis sechs Jahren besuchen die Einrichtungen. Die Hälfte von ihnen hat einen Migrationshintergrund. Sie kommen aus Ländern wie Italien, USA oder Türkei.

In der Liebfrauen-Kita spielen Kinder aus 11 Nationen miteinander

Sonja Lubkowski, die Kita-Leiterin, weist auf die enge Zusammenarbeit mit der Pfarrei hin. Gerade für die sozial schwachen Familien bedeute die Kirche direkt vor Ort, die auch Kleidung und Lebensmittel ausgibt, eine große Erleichterung.

Das Kita-Team arbeitet sowohl interkulturell als auch interreligiös. Wenn man interkulturell arbeitet, erfährt man, wie die Leute in einem Land miteinander leben und sprechen. „Interreligiöse Arbeit greift Parallelen und Unterschiede der Religionen auf und welche Bedeutung Gott für die Menschen hat", so Funda Heder, die als interkulturelle Fachkraft mit türkischem Background die Kita-Leitung besonders unterstützen kann.

> **Das besondere Profil:**
> - „Die Muttersprache nicht vergessen" – die etwas andere Sprachförderung
> - Hemmschwellen abbauen, Wege ebnen – eine eigne Kita-Bücherei
> - „Wir sind dann mal weg" – Traumreisen ins Land der Eltern
> - Innehalten und Gott nachspüren – Andachten in der Gemeindekrypta
> - „Unser Leben sei ein Fest!" – Das Ramadanfest: zwei Sprachen, eine Feier
> - „Und wie macht ihr das so?" – Hingucken, Zuhören, Nachfragen und Aufgreifen
>
> **Das Markenzeichen:**
> - „Tod und Leben" – ein Kita-Projekt

„Die Muttersprache nicht vergessen" – die etwas andere Sprachförderung

Die Kinder in der Liebfrauen-Kita werden morgens in unterschiedlichen Sprachen begrüßt: „Guten Morgen", „günaydın", „good morning". Es geht um mehr als um ein freundliches Willkommen im Kindergarten. „Ich helfe den Kindern dabei, ihre Muttersprache nicht zu vergessen", sagt Funda Heder. Es sei wichtig, dass die Kinder ihre erste Sprache richtig beherrschen, denn dann würden sie die Zweitsprache Deutsch viel schneller lernen. Nach der Beobachtung von Kita-Leiterin Sonja Lubkowski sprechen Kinder, die zuvor kein Deutsch konnten, nach einem halben Jahr in der Kita schon besser Deutsch als ihre Eltern zuhause.

Funda Heder gibt nicht nur Deutsch-Türkisch-Stunden, sondern hilft auch bei der Aussprache deutscher Wörter. Sie trainiert die Mundmotorik der Kinder, damit sie etwa das „sch" besser über die Lippen bringen. Beim regelmäßig stattfindenden „Mama-Treffen" gilt eine besondere Regel: Eine halbe Stunde am Stück muss Deutsch gesprochen werden. Das regten die Mütter selbst an. Anlass war, dass sich an einem Elternabend deutschsprachige Mütter und Väter darüber beschwerten, dass sie von den fremdsprachigen Eltern nie gegrüßt wurden. Da gestand eine türkische Mutter ganz offen, sie habe Angst davor gehabt, „Guten Morgen" zu sagen. Angst, dass ihr Gruß zu einer Frage ermuntere, beispielsweise, wie es ihr gehe, und sie dann nicht hätte antworten können, was ihr sehr unangenehm wäre. „Da vermied sie das Grüßen lieber", erinnert sich Funda Heder. Durch dieses „Geständnis" am Elternabend und die daraufhin vereinbarte „Deutsch-Pflicht" habe sich die Atmosphäre unter den Eltern, insbesondere beim Bringen und Abholen der Kinder, enorm verbessert.

Weiterer Schritt zur besseren Verständigung: Um auch den Eltern die unterschiedlichen Kulturen und Religionen nahe zu bringen, informiert die Einrichtung sowohl über christliche Feste wie Ostern als auch über das Ramadanfest der Muslime durch mehrsprachige kurze Texte, zum Beispiel in der Kita-Zeitung.

Hemmschwellen abbauen, Wege ebnen – eine eigene Kita-Bücherei

„Eltern müssen mehr lesen und ihren Kindern mehr vorlesen!", mahnt Sonja Lubkowski. Viele Eltern hätten allerdings gar keine Bücher zu Hause, schon gar keine mehrsprachigen. In Mainz können sie deshalb Bücher der Einrichtung ausleihen.

Ein Buch ist ein kostbarer Schatz

Die Kinder basteln dazu ihren eigenen Bibliotheksausweis und lernen, achtsam mit den ihnen anvertrauten Bilderbüchern umzugehen. Zudem motiviert die Kindertagesstätte dazu, die Mainzer Stadtbücherei zu besuchen. Erzieherinnen, Eltern und Kinder machen sich gemeinsam auf den Weg und helfen sich gegenseitig beim Ausfüllen des Ausweises oder wenn es Fragen gibt. So werden Hemmschwellen abgebaut, wenn die Eltern den Weg zur Bücherei kennen lernen, immer besser mit der ihnen fremden Sprache Deutsch zurechtkommen und den Ablauf in der Bibliothek verstehen. „Wir hoffen, dass sie dann auch allein oder mit ihren Kindern Bücher ausleihen", so Funda Heder.

„Wir sind dann mal weg" – Traumreisen ins Land der Eltern

In einem neuen Projekt der Kita geht es um Identitätsfragen. Dabei lenkt das Team den Blick besonders auf die unterschiedlichen Familienhintergründe: „Wo lebe ich?", „Woher kommen meine Eltern und Großeltern?", „Welche Sprache spreche ich?" oder „Was ist bei uns besonders?". Eine große Weltkarte hilft den Kindern, das Land ihrer Herkunft oder der Herkunft ihrer Familie zu entdecken. Wenn die Erzieherin mit ihren Schützlingen in das Heimatland der Eltern „reist", dann wachsen Entdeckerfreude und -erfolg am meisten. Dazu werden Stühle in Zweierreihen aufgestellt. Die Kinder nehmen Platz und ein Flug wird simuliert. Die Erzieherin beginnt, die Passagiere wie eine Stewardess über die Sicherheitsvorkehrungen im Flugzeug zu informieren. Das Ziel der Reise wird bekannt gegeben und die Fluggäste erfahren, wie lange die Reise dauert und welches Wetter die Urlauber erwartet. So wissen die Weltreisenden schnell, dass etwa ein Flug nach Italien nicht so lange dauert wie einer in die USA. Wenn sie auf ihrer virtuellen Reise angekommen sind, bekommen die Kinder Bilder von landestypischer Kleidung und anderen Besonderheiten zu sehen. Dabei stellen sich die Kinder gegenseitig „ihr" Land vor. Für sie ist es großartig, spielerisch in das Land ihrer Eltern reisen zu dürfen – eine Aktion, die mit recht einfachen Mitteln große Freude bereitet.

Innehalten und Gott nachspüren – Andachten in der Gemeindekrypta

Alle zwei Wochen am Freitag feiern alle Kinder gemeinsam in der nahegelegenen Gemeindekrypta eine kleine Andacht. Dafür bringen sie selbst gebastelte Blumen und eine Kerze mit, die sie farbig mit Wachs verziert haben. Die Erzieherinnen schmücken die Mitte des Raums mit Tüchern, die Kinder sitzen auf Kissen im Kreis. Die Gemeindeassistentin bereitet die kleine Feier mit vor. Auch der Pfarrer berät das Team und gibt zu vielen Themen Impulse. „Religionspädagogische Materialien sind in der Kindertagesstätte und der Kirchengemeinde vorhanden", erklärt Sonja Lubkowski.

In der Kirche gibt es Einiges zu entdecken. Was ist das? Ein Taufbecken.

Für die nicht-christlichen Eltern sind christliche Gottesdienste in der Kita in der Regel kein Problem. Obwohl die Kinder nicht zu den Gottesdiensten kommen müssen, sind bis auf wenige Ausnahmen alle da. Die Gottesdienste werden in der Kita-Zeitung angekündigt und die Eltern können frei entscheiden, ob sie ihre Kinder bringen oder nicht.

Die pädagogischen Fachkräfte berücksichtigen die Religion der Kinder. So bekommen beispielsweise am Aschermittwoch die muslimischen Kinder kein Kreuz, sondern einen Punkt auf die Stirn gezeichnet. In dieser Grundhaltung sieht sich Kita-Leiterin Sonja Lubkowski bestätigt, da sie manchmal auch auf Unsicherheiten und Ängste seitens der muslimischen Eltern treffe. So habe ihr eine muslimische Mutter einmal ihre Furcht gestanden, dass ihre Tochter in der Kita vielleicht zum katholischen Glauben gebracht werden solle. Nach einiger Zeit habe sie dann beruhigt gesagt: „Das Kind lernt hier nur die katholische Religion kennen und kann seine eigene Religion leben!"

„Unser Leben sei ein Fest!" –
Das Ramadanfest: zwei Sprachen, eine Feier

In der Mainzer Kita werden zu vielen Festen Theaterstücke einstudiert und aufgeführt. Mitspielen will jeder. Auf ganz besondere Weise wurde zuletzt das Ramadanfest oder – wie die Kinder oft sagen – das Zuckerfest inszeniert. Türkische Mütter und ihre Kinder, die pädagogischen Fachkräfte und die weiteren Kitagruppen wirkten dabei mit. Es gab Textpassagen auf Türkisch, die ins Deutsche übersetzt wurden.

Das Stück zeigte, wie eine türkische Familie das Ramadanfest feiert. Da gab es den Vater, der in die Moschee ging, um zu beten. Die Mutter war zu sehen, wie sie Kindern half, ihre festliche Kleidung anzuziehen und das Essen vorbereitete. Und schließlich trat die Oma auf, die sich alles anschaute. Nachdem der Vater zurückgekehrt war, kamen viele Verwandte und alle zusammen feierten ein großes Fest.

„Und wie macht ihr das so?" –
Hingucken, Zuhören, Nachfragen und Aufgreifen

Aus Rücksicht auf die muslimischen Familien gibt es in der Mainzer Kita Liebfrauen kein Schweinefleisch zu essen. Das heißt jedoch nicht, dass die Unterschiede zwischen Judentum, Islam und Christentum nicht angesprochen oder überspielt würden. Beim Adventsfrühstück beispielsweise ist jedes Kind dazu eingeladen, Lebensmittel von zu Hause mitzubringen. Da gibt es natürlich auch Lyoner aus Schweinefleisch. „Dann redet man darüber, warum Mehmet kein Schweinefleisch isst", sagt Funda Heder. Häufig bereiten die Eltern landestypische Speisen vor und bringen sie in die Kita mit – eine gute Gelegenheit, miteinander ins Gespräch zu kommen. Dann stellen die Kinder fest, dass viele arabische Mütter viel Minze oder scharfe Gewürze verwenden. „Da kann man dann schön erklären, dass diese Speisen ursprünglich aus einer Gegend kommen, in der aufgrund der Hitze so gekocht und gewürzt wird." Und schon ist man mitten drin in interessanten Gesprächen.

Die Eltern engagieren sich sehr rege im Kita-Alltag. Einige iranische Mütter etwa präsentierten den Kindern ihre festlichen Trachten und erzählten, zu welchen Anlässen sie diese Festkleider tragen. Ein anderes Mal zeigten Eltern, wie sie beten. Sie brachten Gebetsteppiche mit und erklärten, in welcher Richtung Mekka liegt. Dorthin wendeten sie sich beim Gebet. Zudem zeigten die Eltern, dass Männer und Frauen in unterschiedlichen Sitzhaltungen beten. Interessiert fragten die Kinder, ob Muslime denn zum Beten keine Kirche bräuchten. Das Team griff die Situation auf und erzählte, wie Christen beten.

Vor dem Essen wird in der Mainzer Einrichtung häufig recht frei gebetet. Die Kinder werden gefragt, wofür sie Dank sagen wollen. „Dann erwähnen sie ihre Barbiepuppe oder ihre Schwester." Es ist laut Funda Heder wichtig, ein Bewusstsein dafür zu schaffen, dass Gott immer ansprechbar ist und für einen da ist – ob für Christen oder für Muslime. Kita-Leiterin Sonja Lubkowski erzählt, dass ein Junge einmal zu ihr gesagt habe: „Gell Sonja, der Gott ist ja überall, der ist jetzt auch hier bei uns und passt auf uns auf." Gerade muslimischen Eltern sei es sehr wichtig, dass die Kinder etwas über den Glauben erfahren. Sie wünschen sich, dass man über Gott spricht.

Konzentriert verfolgen Beyonce und Leon die Wolkenzeichnung ihres Freundes

Wenn man dann im gemeinsamen Austausch auch noch religiöse Ähnlichkeiten entdeckt, sei sehr viel erreicht. So habe eine muslimische Mutter beim Informationsabend zu Fastnacht erstaunt ausgerufen: „Was, das hat was mit Fasten zu tun! Fastet ihr etwa auch?"

Sarah-Lisa Witter, Anke Edelbrock

„Tod und Leben" – ein Kita-Projekt

Das Projekt „Tod und Leben" setzt die Mainzer Kita vor Ostern und im November zu Allerheiligen um. Es wird besprochen, wie Kinder in Deutschland geboren und begrüßt werden und wie dies in anderen Teilen der Welt, etwa in Russland oder in der Türkei geschieht.

Hier werden keine Haare gewaschen – hier wird getauft!

Als sehr bewegend beschreibt Funda Heder einen in das Projekt eingebundenen Besuch auf dem Friedhof. Das Thema Tod sei für Erwachsene nicht einfach. Die Kinder hingegen hätten mit ihren unbefangenen und offenen Fragen eine gewisse Leichtigkeit in die Diskussion gebracht. Den Kindern zuzuhören und von ihnen zu lernen fand die Pädagogin bereichernd. Die Vorstellung, tot zu sein, sei für die Kita-Kinder kein Problem gewesen. „Sie sagten: Man braucht da nicht so traurig sein, denn man geht ja zu Gott." Funda Heder möchte dazu ermutigen, mit den Kindern über Geburt und Sterben zu sprechen. Hier gibt sie Einblick in die Umsetzung des Projekts:

Tod und Leben bei Muslimen und Christen – Ziele:

- Verständnis dafür entwickeln, wie Gruppen und Familien im Islam und im Christentum neue Mitglieder begrüßen und sich um sie kümmern.
- Kennen lernen, wie Muslime und Christen Neugeborene begrüßen und ihnen einen Namen geben.
- Den Kindern Geburt, Tod und Leben nach dem Tod erklären.
- Den Kindern die Möglichkeit geben zu erkennen, wie Christen und Muslime mit Geburt und Tod umgehen.

Einstieg zum Thema Leben und Tod

Materialien

Je ein großes weißes und ein großes schwarzes Tuch; frische Blumen, Blätter, Zweige und Pflanzen aus dem Garten; trockene Blätter, Blumen und Äste; Fotos (neugeborenes Baby, alte Menschen, Taufe und Namensgebung); Eltern fragen, ob sie mit einem Baby kommen können; Großeltern einladen. Auf jeden Fall eine christliche Familie und eine muslimische Familie einbeziehen.

Ablauf

Die Kinder setzen sich in einen Stuhlkreis. Die frischen Blumen, Blätter, Pflanzen, Zweige werden auf dem weißen Tuch in der Mitte ausgelegt. Das weiße Tuch steht mit seinen Symbolen für das Leben. Die trockenen Blätter und Äste werden auf dem schwarzen Tuch ausgelegt, was insgesamt für den Tod steht.

Gesprächsimpulse

- Was sehen wir auf dem weißen Tuch?
- Was liegt auf dem schwarzen Tuch?
- Wie fühlt sich das an, wenn wir die frischen, lebendigen Pflanzen anfassen?
- Wie ist das für Menschen? Wann ist ein Mensch „frisch"?
- Fotos zeigen.
- Unterschiede zwischen jung und alt als Gesprächsthema anregen.

Die Geburt: „Anfang des Lebens"

Materialien

Blumensamen (Kresse); Blumentopf; Erde; eine Babypuppe; Honig; Schale; (Weih-) Wasser; Fotos (wenn kein Besuch in der Kirche und keine Mitarbeit des Pfarrers oder einer muslimischen Familie mit Baby möglich sind).

Ablauf

In dieser Phase des Projekts säen die Kinder die Kressesamen aus. Danach beobachten sie die Entwicklung der Samen. Sobald die Kresse sich zeigt, ist es möglich, über die Geburt eines Lebewesens zu sprechen. Danach darf jedes Kind sich für seine Pflanze einen Namen ausdenken und ihn auf einen Zettel schreiben. Die Namen werden auf die Töpfe geklebt. Jetzt kann man über Namensgebung und Taufe sprechen.

Gesprächsimpulse

- Habt ihr gesehen, wie lange wir darauf gewartet haben, dass unsere Pflanzen aus der Erde raus kommen? Babys müssen auch lange im Bauch der Mutter wachsen, bevor sie geboren werden.
- Wie fühlt ihr euch, wenn ihr seht, wie eure Pflanzen wachsen?

Muslimischer Willkommensruf und christliche Taufe

Materialien

Eine Babypuppe; Honig; eine Schale; (Weih-)Wasser; Fotos (wenn ein Besuch in der Kirche oder der Besuch einer muslimischen Familie mit einem Baby nicht möglich ist).

Ablauf

Wenn eine muslimische Mutter mit Baby anwesend ist, kann sie selbst erzählen, wie das Kind seinen Namen bekam. Wenn dies nicht der Fall ist, kann man den Ritus mit einer Puppe nachstellen und Folgendes erzählen:

Muslime sprechen zu einem Neugeborenen innerhalb weniger Minuten nach der Geburt wichtige Glaubensworte. Dazu nimmt der Vater, der Großvater oder ein Hodscha, ein muslimischer Geistlicher, das Baby auf den Schoß und flüstert ihm die Worte des Ezan „Allah ist groß" und das muslimische Glaubensbekenntnis „Es gibt keinen Gott außer Allah und Muhammad ist sein Prophet!" in das rechte Ohr. Dann spricht er dreimal laut den Namen des Kindes aus und schließt mit einem freien Gebet, in dem er Gott für die Geburt dankt und um Segen für das Kind bittet.

Der Ruf zum Gebet und das Glaubenskenntnis sind also das erste, was ein Kind hört. Es bekommt daraufhin Honig zu schlecken, damit es diese Worte mit einem angenehmen Geschmack verbindet.

Christliche Kinder werden getauft. Das bedeutet, dass das Kind in die Gemeinschaft der Christen aufgenommen wird. Um das zu zeigen, gehen wir in unsere Kirche und lassen uns vom Pfarrer die Taufe erklären. Der Pfarrer spricht das Kind mit seinem Namen an. Dann gießt er dreimal ein wenig Wasser über den Kopf des Kindes und sagt dabei: „Ich taufe dich im Namen des Vaters und des Sohnes und des heiligen Geistes!" Die Taufe soll deutlich machen: Das Kind ist nicht nur Kind seiner Eltern, sondern auch Kind Gottes.

Hemmschwellen abbauen und Wege ebnen | 69

Was versteckt sich hier?

Ideen zur Weiterarbeit

- Lassen Sie die Kinder eine Liste mit Namen aufstellen, wie sie ein Mädchen oder einen Jungen nennen würden. Warum gefallen ihnen diese Namen?
- Fragen Sie die Kinder, ob sie wissen, wie ihre Namen ausgewählt wurden. Können sie herausfinden, was ihre Namen bedeuten?

Funda Heder

Impulse für die Praxis

- Nicht alle Eltern kennen sich mit den verschiedenen religiösen Festen aus. Es gibt unterschiedliche Methoden, die Eltern darüber zu informieren, z. B. in der Kita-Zeitung oder auch über Aushänge.
- Mit den Kindern spielerisch das „Guten Morgen" in verschiedenen Sprachen einüben.
- In der Liebfrauen-Kita haben die muslimischen Mütter mit den Erzieherinnen ein Theaterstück zum Ramadanfest eingeübt. Welche Formen sind in Ihrer Einrichtung möglich, um den muslimischen Glauben zu integrieren?
- Internationale Gerichte als Gesprächsimpuls nutzen.
- In Themenprojekten, wie z. B. hier zu „Tod und Leben", lernen Kinder Gemeinsamkeiten und Unterschiede der verschiedenen Religionen kennen.

5 Religion ist ein Teil der Kultur

Kinderwelt Augsburg, Interkulturelle Kindertagesstätte
des Frohsinn Bildungszentrum Augsburg e. V.

*„Wir gehen davon aus, dass jedes Kind ein Geschenk für uns ist,
für die Gruppe und später für die Gesellschaft."*
Irina Spannagel, Leiterin der Einrichtung

„Wir sind alle Kinder dieser Welt" – dieser Satz strahlt uns im Eingang der Einrichtung auf einem fröhlichen Plakat entgegen. Ein Globus mit stilisierten Kindern, die sich an den Händen halten, ist darauf gemalt. Kinder dieser Welt, das sind sie alle, die 50 drei- bis sechsjährigen Kinder der Einrichtung Kinderwelt Augsburg. Diese Gemeinsamkeit verbindet sie, was ein elektronischer Bilderrahmen neben dem Plakat zeigt: Er präsentiert nacheinander alle Kinder der Einrichtung.

*Bunt und unterschiedlich –
und alle gemeinsam*

Über zehn Länder sind in der interkulturellen Einrichtung vertreten: Türkei, Irak, Afghanistan, Deutschland, Ägypten, Kosovo, Bosnien, Italien, Polen, Georgien und Tunesien. Der türkische Trägerverein, das Frohsinn Bildungszentrum Augsburg e. V., legt großen Wert auf die Mischung der Nationen und Kulturen. Gemäß seinem Credo „Miteinander leben – voneinander lernen" steht interkulturelle Bildung an erster Stelle. Der Verein ist für alle Nationen offen, und neben der Kindertagesstätte bietet er auch Schülerhilfen, Sprach- und Integrationskurse, kulturelle Veranstaltungen und Feste zum interkulturellen Dialog an.

Auch verschiedene Religionen sind in der Einrichtung vertreten: 39 Kinder haben einen muslimischen, fünf einen evangelischen und drei einen katholischen Hintergrund. Zwei Kinder stammen aus einer orthodoxen Familie und eines kommt aus einer Familie ohne Religionszugehörigkeit.

Das besondere Profil:
- Grundhaltung: Wertschätzung, Würdigung und Interesse
- Deutsch ist unsere Freundschaftssprache
- Zweisprachiges Bilderbuchkino: ein besonders schöner Weg, die Freundschaftssprache zu pflegen und andere Sprachen kennen zu lernen
- Religion – ein Teil der Kultur
- Zwei Feste – eine Doppelfeier: kulturelle und religiöse Gemeinsamkeiten betonen
- Elternarbeit zwischen Tür und Angel
- Vernetzung mit städtischen Angeboten

Das Markenzeichen:
- Die interkulturellen Kleingruppen

Grundhaltung: Wertschätzung, Würdigung und Interesse

In der Vielfalt der Nationen und Kulturen liegt ein großer Wert. Deshalb soll die Zahl der türkischstämmigen Kinder nicht mehr als 50 Prozent betragen. Diese Vielfalt gilt es kennen zu lernen: Gemeinsamkeiten werden hervorgehoben, ohne Unterschiede zu verwischen. Die Leiterin der Einrichtung, Irina Spannagel: „Wir sagen, dass jedes Kind ein Geschenk für uns ist, für die Gruppe und später für die Gesellschaft." Jedes Kind bringe als Schätze seine Sprache mit, seine Kultur, auch die Bräuche. Alle Kinder seien wertvoll und auch alle Eltern. Neben der Wertschätzung, die die Erzieherinnen den Kindern und Eltern mit deren vielfältigen nationalen und religiösen Prägungen entgegenbringen, zeigen sie Interesse für die jeweilige Familienkultur. Das ist wesentlich für interkulturelle Bildung. Dazu gehört auch, bei den Familien offensiv nachzufragen, um mehr über die Kultur und die Kulturen zu erfahren. „Was ich heute weiß, wusste ich vor zwei Jahren noch nicht – hätte ich nicht gefragt, wüsste ich es heute noch nicht."

Deutsch ist unsere Freundschaftssprache

Das Erlernen der deutschen Sprache hat in der Einrichtung einen hohen Stellenwert. Die Kita ist ein Ort der deutschen Sprache. Trotzdem sind die anderen Sprachen in der Einrichtung nicht verboten. Natürlich reden zwei irakische Kinder auch mal arabisch untereinander. Dann holen die Erzieherinnen sie kindgerecht in die deutsche Sprache zurück. Irina Spannagel: „Ich versuche, mich als Spielpartnerin der Kinder einzubringen." Erzieherin und Kinder suchen dann beispielsweise ein Tischspiel aus, und beim gemeinsamen Spielen sprechen die Kinder dann automatisch Deutsch, weil sie ja wissen, dass die Erzieherin ihre jeweiligen Muttersprachen nicht versteht. „Die Kinder akzeptieren problemlos, dass Deutsch unsere Freundschaftssprache ist." Zudem erkennen sie den praktischen Nutzen. Schließlich wollen sie in der Einrichtung von allen Kindern verstanden werden, da ist Deutsch als Verständigungssprache der einzige Weg. Die Kinder und ihre Eltern lernen rasch, dass in die Räume der Kita die deutsche Sprache gehört.

Viele Bildungsangebote und Projekte der Einrichtung fördern das Erlernen der deutschen Sprache. Sie können hier nur exemplarisch genannt werden:

Das Stadtteilmütterprojekt in Trägerschaft des Deutschen Kinderschutzbundes Augsburg e. V. fördert sowohl die Muttersprachenkompetenz als auch die deutsche Sprache. Der in ganz Bayern angebotene Deutsch-Vorkurs wird in Kooperation zwischen der Einrichtung und der aufnehmenden Grundschule angeboten. In den letzten eineinhalb Kindergartenjahren erhalten die Kinder zur Vorbereitung auf den Schulstart im Vorkurs 240 Stunden deutsche Sprachförderung.

Zu nennen sind auch Lesepatenschaften. Übernommen hat sie das benachbarte Altenheim. Auch das von der Robert-Bosch-Stiftung geförderte Projekt „Ohrenspitzen" der Stiftung Zuhören unterstützt die sprachliche Entwicklung. Wenn die Lust am Schmökern dann geweckt ist, dürfen die Kinder Lesestoff aus der Kita-Bücherei mit nach Hause nehmen.

Zweisprachiges Bilderbuchkino: ein besonders schöner Weg, die Freundschaftssprache zu pflegen und andere Sprachen kennen zu lernen

Für die Kinder und Eltern ist das zweisprachige Bilderbuchkino immer ein Ereignis. Videobeamer, Sitzgelegenheiten und Leinwand sind vorbereitet. Dann nimmt eine Mutter oder ein Vater ein zweisprachiges Kinderbuch zur Hand und liest es in der jeweiligen Muttersprache vor, während die Bilder auf der Leinwand betrachtet werden können. In einem zweiten Durchgang liest eine pädagogische Fachkraft das Buch in deutscher Sprache vor. Die Kinder genießen es, ihre Muttersprache – und ihre Eltern – so in der Einrichtung gewürdigt zu sehen. Die anderen Kinder tauchen in das Klangbad der anderen Sprache ein und verfolgen aufmerksam die Bilder. Das Bilderbuchkino steht regelmäßig in den Ferien auf dem Programm. Alle Mütter und Väter sind dann samt Geschwisterkindern eingeladen. Es ist immer ein sehr geselliger Vormittag. Auch Schülerinnen und Schü-

Die zweisprachigen Bücher stoßen bei den Kindern auf besonders großes Interesse

ler der benachbarten Roten-Tor-Schule sind immer mal wieder zu Gast. Bilderbuchkino ist auch für sie eine Attraktion.

Religion – ein Teil der Kultur

Auch wenn die Kinderwelt Augsburg das Wort interreligiös nicht in ihrem Namen trägt, steht das Thema Religion und Religionen im Alltag ganz selbstverständlich auf dem Programm. So sind etwa in der Kita-Bücherei auch religiöse Bücher zu finden.

Zwei Feste – eine Doppelfeier: kulturelle und religiöse Gemeinsamkeiten betonen

Besonders treten die Religionen bei den Festen in den Vordergrund. Die Einrichtung hat eine Weile experimentiert, bis sie ihre jetzige Art und Weise des Feierns fand. Zunächst wurden die christlichen und die muslimischen Feste gefeiert. Das

Hazem informiert sich über das Christentum

war spannend, aber auch sehr anstrengend, weil es eben viel zu feiern gab. Die Unzufriedenheit mit dieser Lösung wuchs aber auch, weil kein inhaltlicher Zusammenhang zwischen den Festen herzustellen war. Heute bemüht sich das Team, ein muslimisches Fest und ein christliches Fest unter einem gesetzten Motto gemeinsam zu feiern. 2010 wurden Ramadanfest und Martinstag in einem Lichterfest gemeinsam gefeiert. Als inhaltlicher Schwerpunkt stand das Teilen im Zentrum. Zunächst setzten die Kinder die Mantelteilung des heiligen Martin in Szene, dann folgten Erklärungen zum Ramadanfest. Besonders hervorgehoben wurde dabei, dass auch beim Ramadanfest die Armen und Bedürftigen bedacht werden.

Das christliche Weihnachts- und das islamische Opferfest feierte die Einrichtung 2009 und 2010 als Fest der Stille. Irina Spannagel: „Jeder sagt, Gott existiert, er ist für uns da. Und so haben wir unsere jeweiligen Hoffnungen und Wünsche vor Gott gebracht." 2009 geschah dies unter dem Motto „Ich danke Dir, Gott", 2010 hieß das Leitwort „Ich wünsche Dir". Selbstverständlich wurden bei der Feier auch Dankgebete gesprochen. Die Einrichtung legt großen Wert darauf, die Inhalte beider Feste zu beleuchten. In der Vorbereitung besprachen die Erzieherinnen mit den Kindern das Weihnachtsfest und das Opferfest. Beim Fest der Stille erklärten sie, dass darin zwei Feste enthalten sind.

Elternarbeit zwischen Tür und Angel

Interkulturelle und interreligiöse Bildung in der Kita erfordert engen Austausch zwischen Eltern und Erzieherinnen. Bei Eltern neu aufgenommener Kinder ist zunächst *Vertrauensarbeit* nötig. Diese Eltern bringen zwar ein Grundvertrauen mit, sonst hätten sie die Kita nicht ausgewählt. Aber Eltern, die mit dem deutschen Kindergartensystem nicht vertraut sind, müssen eine höhere Hürde nehmen, bevor sie ihre Kinder einer Einrichtung anvertrauen. Auch Gespräche zwischen Tür und Angel stärken dieses Vertrauen. Wenn Eltern ihre Kinder von der Kita abholen, entstehen Gespräche zwischen ihnen und den pädagogischen Fachkräften. Bei diesem *Informationsaustausch* besprechen sie auch kurz den vergangenen Tag. Dann können Erzieherinnen beispielsweise nachfragen, sollten sie ein Kind nicht richtig verstanden haben, wenn es etwas unklar von kulturellen oder religiösen Bräuchen zu Hause erzählt hat.

Zu einem großen Teil findet auch die *Organisation von Eltern-Kind-Aktionen* in den Tür- und Angelgesprächen statt. Wer möchte beim nächsten Bilderbuchkino lesen? Wer erzählt beim Fest der Stille etwas vom Opferfest?

Die Tür- und Angelgespräche sind für die Dynamik zwischen Eltern, Kindern und Team äußerst wertvoll. Sie funktionieren so gut, weil jede Gruppe drei Erzieherinnen hat. In den Bring- und Abholzeiten kann sich dann eine Erzieherin auf die Eltern konzentrieren.

Vernetzung mit städtischen Angeboten

Der hohe Stellenwert, den die interkulturelle Arbeit in der Stadt Augsburg hat, gibt der Einrichtung Rückhalt. Die Kita ist gut vernetzt und nimmt beispielsweise auch an städtischen Veranstaltungen teil, so an den jährlichen interkulturellen Wochen. Die städtische Fachstelle Integration und Interkulturelle Arbeit, bei der auch der Integrationsbeirat angesiedelt ist, steht der Kita kompetent zur Seite. In der Interkulturellen Akademie Augsburg haben auch interreligiöse Fragestellungen einen hohen Stellenwert. So fand 2005 zum 500-Jahr-Jubiläum des Augsburger Religionsfriedens eine Tagung zur „Einbürgerung des Islams in die europäische Zivilgesellschaft" statt. Im Themenbereich Zivilgesellschaft und religiöse Vielfalt lief 2010/11 zum sechsten Mal die Veranstaltungsreihe „Orient & Okzident". Wird im kommunalen Bereich der Dialog zwischen den Religionen geführt, dann fördert dies den interreligiösen Dialog auch in der Kita – und umgekehrt.

Die Welt trifft sich im Kindergarten

Anke Edelbrock

Die interkulturellen Kleingruppen

In der Kinderwelt Augsburg nehmen wir den Erfahrungsschatz, den unsere Kinder aus der Familie mitbringen, dankbar auf und begegnen ihm mit Neugier und Respekt. Unsere interkulturelle Kleingruppe kann man auch als eine Art „Hausbesuchsgruppe" beschreiben. Eine Gruppe von Kindern besucht sich gegenseitig zu Hause und lernt dabei den Lebensraum der Freundinnen und Freunde kennen. Das „Gastgeberkind" berichtet mit Unterstützung seiner Eltern über die Familienkultur und präsentiert dabei kulturelle Besonderheiten. Jede Kleingruppe hat eine Gruppenstärke von sechs bis acht Kindern möglichst mit verschiedenen Nationalitäten. Die Kinder, die bei ihren Besuchen von ein bis zwei pädagogischen Mitarbeiterinnen begleitet werden, sind zwischen vier und fünf Jahren alt.

Ein „Hausbesuch" geschieht immer freiwillig und erfordert von Anfang an die enge Zusammenarbeit mit den Eltern. Folgende Fragen müssen besprochen werden: was soll vermittelt werden, wie kann das geschehen und wann soll der Besuch stattfinden? Die Eltern entscheiden, womit und wie genau sie uns ihre Kultur vorstellen wollen. Bei Bedarf unterstützen wir sie mit Ideen, indem wir ihnen von den Interessen der Kinder erzählen. Manchmal bringen Kinder beispielsweise beim Spielzeugtag ein Musikinstrument aus der Heimat mit und wir freuen uns, wenn wir darüber beim „Hausbesuch" mehr erfahren können.

Den allgemeinen Ablauf eines Besuches können wir so beschreiben: Wir werden in der Familie von den Eltern (meist von der Mutter) und dem „Gastgeberkind" empfangen. Im größten Zimmer zeigen die Gastgeber verschiedene Dinge wie Bücher, Kleider oder Schmuck. Dann erfahren wir, wann und warum diese Sachen verwendet werden. Die Kinder dürfen die Sachen genau betrachten oder ausprobieren und natürlich auch Fragen stellen. Ein fester Bestandteil fast aller Besuche ist das gemeinsame Essen landestypischer Speisen. Darüber freuen sich alle. Jeder Hausbesuch ist etwas Besonderes. Hier einige Eindrücke:

Fam. A. aus Irak: Die Gastgeberin erklärt uns die arabische Schrift. Wir dürfen sie nicht nur anschauen, sondern auch nachzeichnen und nachmalen. In der gemütlichen Frühstücksrunde auf dem Boden, wofür eine schöne Tischdecke ausgebreitet wurde, gibt es *viel* zu essen. Auch das üppige Angebot an Essen gehört zum kulturellen Profil: Oliven, Käse, Tomaten, arabischer Schwarztee mit Kardamom und noch viel mehr leckere Sachen.

Fam. R. aus Georgien: Die Mutter zeigt uns auf der Weltkarte, wo sich ihr Heimatland befindet. Mit vielen Familienfotos aus dem Urlaub illustriert sie ihre Erzählungen. Sie führt uns in ein kleines Zimmer, das die orthodoxe Familie als Gebetszimmer benutzt. Schöne Gemälde hängen an der Wand, Kerzen und weitere Utensilien prägen die Atmosphäre. Die Kinder dürfen alles anschauen, anfassen und viele Fragen stellen.

Fam. M. aus Togo: Die Gastgeberin und ihre Kinder sind festlich gekleidet. Sie begrüßen uns im Wohnzimmer und zeigen uns reich bestickte Kleidungsstücke. Die Mutter erklärt, dass einige davon getragen werden, wenn Gäste kommen oder Familienfeste gefeiert werden. Andere Kleider wiederum sind für den täglichen Gebrauch. Dann gibt es besondere Kleidungsstücke, die nur einmal im Jahr zu einem besonderen Fest getragen werden. Die große Schwester des Gastgeberkindes sagt uns stolz, dass die Kleider von ihrer Oma in Togo genäht und bestickt wurden, als Geschenk für die Enkelkinder. Eine für uns ganz fremde Besonderheit präsentiert uns das Gastgeberkind: Mehrere etwa zehn Zentimeter lange Holzstäbchen dienen der Zahnpflege. Sie werden in Wasser eingeweicht und sorgen ganz ohne Zahnpasta für gesunde Zähne.

Fam. I. aus Ägypten: Das Gastgeberkind und sein Vater zeigen uns stolz ein großes Buch über Ägypten, in dem wir gemeinsam blättern. Vater und Mutter erzählen uns von ihrem Heimatland: von arabischen Pferden und Kamelen, von Pyramiden und Pharaonen – wir dürfen ganz vorsichtig echtes Papyrus anfassen. Anschließend gibt es Aschura, eine Art Milchbrei – köstlich. Der Gastgeberjunge teilt uns stolz mit, dass er am nächsten Tag im Kindergarten fehlen werde, da er mit seinem Papa in die Moschee gehen dürfe. Er zeigt uns die festliche Kleidung, die er dafür anzieht. Auf die Fragen seiner Freunde weiß er Antworten.

Gemeinsames Spiel unter der Weltkarte

Bei den Besuchen liegt uns daran, dass die Kinder zunächst die kulturellen und religiösen Gemeinsamkeiten erkennen, ohne aber die Unterschiede zu verwischen. So regen wir die Kinder an, auf bekannte Dinge wie ähnliches Spielzeug zu achten und Vergleiche zu eigenen Bräuchen und Gewohnheiten zu ziehen. Bei allem Interesse für kulturelle und religiöse Eigenheiten der Familien achten wir darauf, keine Stereotypen und Schablonen zu vermitteln. Es soll darum gehen, Vorurteile nicht zu verstärken, sondern sie abzubauen. Das gelingt am besten, wenn der Blick für die Vielfalt von Kulturen und Religionen geschärft wird.

Irina Spannagel

Impulse für die Praxis

- Würdigen Sie die jeweilige Familienkultur und -religion. Lassen Sie die Eltern und Kinder Ihr Interesse spüren.
- Tauschen Sie sich mit den Eltern über die jeweilige Kultur und Religion aus, auch in Tür- und Angelgesprächen. Die Kita Kinderwelt fand mit den interkulturellen Kleingruppen einen guten Weg, Kinder und Eltern darüber ins Gespräch zu bringen.
- Die deutsche Sprache als Freundschaftssprache fördern.
- Religion in der Kultur wahrnehmen.
- Beim Feiern von Festen das Gemeinsame hervorheben und zugleich das jeweils Eigene nicht vernachlässigen.
- Beteiligung an interkulturellen und interreligiösen Angeboten in der Stadt. Hier können Sie auch neue Kooperationspartner finden.

6 Begegnung schafft Verständnis: Judentum, Christentum und Islam auf Augenhöhe

Sidonie-Werner-Kinderhaus, Bad Segeberg

„Die Kinder dürfen bei uns zeigen, was die Besonderheit in ihrer Religion ausmacht oder was sie Schönes mit ihrer Religion verbinden."
Myriam Blender, Leiterin der Einrichtung

Es ist der 2. August 2010 – ein Tag, der vielen Bewohnern Bad Segebergs in bester Erinnerung bleiben wird. Begleitet von den örtlichen Medien und großem Interesse der Öffentlichkeit wird die erste interreligiöse Kindertagesstätte jüdischer Trägerschaft in Schleswig-Holstein feierlich eröffnet. Eine zukunftsweisende Idee der Leiterin Myriam Blender, viel Durchhaltevermögen, lange Verhandlungen, große Investitionen und finanzielle Hilfen der Europäischen Union sowie des Zentralrates der Juden brachten den Erfolg. Das Kinderhaus, benannt nach der jüdischen Sozialpolitikerin Sidonie Werner, kann endlich seine Pforten öffnen. Sidonie Werner hatte 1908 unter anderem in Bad Segeberg ein Heim für bedürftige jüdische Kinder gegründet.

Hebräisch und Deutsch:
Ich will dich segnen, werde ein Segen

Die Kindergruppe des Sidonie-Werner-Hauses besteht ein knappes Jahr nach der Gründung aus 20 Kindern. Das Haus nimmt Kinder von einem halben Lebensjahr bis zum Schuleintritt auf. Der Kindergarten steht nicht nur Mädchen und Jungen jüdischer Herkunft offen, Kinder aller Religionen sind hier willkommen. Nach Angaben der Leiterin und Gründerin Myriam Blender besuchen derzeit überwiegend christliche Kinder die Einrichtung, gut 30 Prozent sind jüdisch. Muslimische Kinder gibt es – zum Bedauern Blenders – in der Einrichtung noch nicht. Doch dank der engen Zusammenarbeit zwischen der jüdischen und der muslimischen Gemeinde wird dies wohl nicht mehr lange so bleiben. Voranmeldungen für muslimische Kinder liegen bereits vor. Sobald sie das Eintrittsalter erreicht haben, werden sie die Einrichtung bereichern. Dann sind Judentum, Christentum und Islam im Kindergarten vertreten und Myriam Blender wird ihrer

Vision ein gutes Stück näher sein, dass sich diese drei Religionen, die alle an den einen Gott glauben, auf Augenhöhe begegnen können.

Viele Kinder des Sidonie-Werner-Hauses stammen aus Migrantenfamilien. Die jüdischen Kinder kommen zumeist aus den russischsprachigen ehemaligen Sowjetrepubliken. Doch auch die Kinder aus christlichen Familien sind nicht ausschließlich Deutsche.

Das Kita-Team besteht neben der Leiterin aus einer sozialpädagogischen Assistentin und einem Heilerziehungspfleger. Myriam Blender absolvierte eine lange Fortbildung im Bereich Sprachförderung. Um den Kindern aus verschiedenen religiösen Kontexten gerecht werden zu können, sollen auch die Erzieherinnen und Erzieher entsprechend ausgewählt werden. Christliche und muslimische Erzieherinnen sind willkommen, wenn sie sich für das interreligiöse Konzept begeistern können.

Einige Monate nach der Eröffnung fragen wir nun nach, wie sich die Idee eines interreligiösen Kindergartens verwirklichen lässt. Was macht diese Bildungsarbeit aus? Wie entwickeln sich die Dinge in der ersten interreligiösen Kindertagesstätte jüdischer Trägerschaft in Schleswig-Holstein?

Das besondere Profil:
- Die Gemeinsamkeiten der Religionen im Alltag hervorheben
- Daheim und zu Gast in der Synagoge – Kinder entdecken die jüdische Religion

Das Markenzeichen:
- Die Idee der gleichwertigen Berücksichtigung der drei monotheistischen Religionen

Die Gemeinsamkeiten der Religionen im Alltag hervorheben

„Wie sind Sie auf die Idee gekommen, einen interreligiösen Kindergarten in Räumen einer Jüdischen Gemeinde zu gründen?" und „Gibt es zu wenig jüdische Kinder?" – solche Fragen stellen Besucher der Kita am häufigsten. Myriam Blender sagt dann, dass ihr eine interreligiöse Kindertagesstätte seit langem eine Herzensangelegenheit sei – unabhängig von der Anzahl der jüdischen Kinder darin. Jahrelang sei diese Idee in ihr gereift. Bei ihrer früheren Arbeit in sozialen Brennpunkten Hamburgs hatte sie viel mit Kindern mit Migrationshintergrund zu tun und durch die Elternarbeit immer mehr Kontakte auch zu Menschen islamischen

Glaubens gewonnen. Neben den Unterschieden („Die werden ja immer am meisten betont") entdeckte sie viele Gemeinsamkeiten der drei monotheistischen Religionen. Sie betont, dass sich Gläubige aller drei Religionen in ähnlicher Weise an Gott wenden und dass die Riten, Gebräuche und Gebete deutliche Parallelen aufweisen. Gottvertrauen und Gottesfurcht, das Einhalten gottgegebener Gebote und Verbote sowie das Ideal der Nächstenliebe stellen Blender zufolge weitere Gemeinsamkeiten dar. Viele Texte des für Juden und Christen grundlegenden Alten Testaments ließen sich auch im Islam finden – vom „Turmbau zu Babel" bis zur „Arche Noah". „Wir können den Kindern so vermitteln, dass wir alle einen gemeinsamen Gott haben", betont Myriam Blender. Diesen Gemeinsamkeiten nachzugehen, religionspädagogische Fragen der Kinder ernst zu nehmen und interreligiöse Aspekte in der Arbeit mit Kindern aufzugreifen ist ihr Ziel.

Daheim und zu Gast in der Synagoge – Kinder entdecken die jüdische Religion

Die Kita ist in den Räumen der 2002 entstandenen Jüdischen Gemeinde Bad Segebergs angesiedelt, der ersten nach der Schoah gegründeten. Fünf Jahre nach der Gründung zog sie in ihr neues Gemeindezentrum „Mishkan HaZafon" (Synagoge des Nordens) ein. Der alte Mühlenturm und ein dazugehörendes restauriertes Gebäude wurden schließlich Domizil der Kita. Die jüdische Religion ist in der

Kinder erkunden im Gottesdienstraum der Synagoge die jüdische Religion

gesamten Einrichtung sichtbar und erlebbar. Auch den Gottesdienstraum können die Kinder jederzeit aufsuchen.

Im Gottesdienstraum der Synagoge ist das Kennenlernen der jüdischen Religion für alle Kinder spielerisch möglich.

Die Kinder lernen die Einrichtung einer Synagoge kennen: In der heiligen Lade befinden sich die Thorarollen in prächtiger Umhüllung. Zu einer Synagoge gehören die Gesetzestafeln. In der Mitte einer Synagoge befindet sich ein Podium zum Ablegen der Thorarolle. Über der Menora, dem siebenarmigen Leuchter, ist das Ewige Licht. Es brennt immer, wenn sich die Thorarollen in der heiligen Lade befinden.

Die Kinder können die Einrichtungsgegenstände der Synagoge vielseitig wahrnehmen und erleben. So befindet sich neben der heiligen Lade mit den echten Thorarollen eine kleine Lade mit Thorarollen aus Stoff für die Kinder. Die Kinder dürfen die Stoffrollen herausnehmen und genau anschauen. Viele Kinder tun dies mit großer Freude und Achtung. Im Gottesdienst-

Die heilige Lade für die Kinder

raum befindet sich zudem ein Tisch mit religiösen Büchern für Kinder. Gern und oft schauen die Kleinen diese Bücher an und lassen sich daraus vorlesen. Myriam Blender begleitet die Kinder auf ihren Entdeckungstouren durch die Synagoge, beantwortet ihre Fragen und liest religiöse Geschichten vor – am liebsten solche, die in der Thora, dem Alten Testament der christlichen Bibel und im Koran vorkommen. Die Herkunft der Geschichten macht sie den Kindern transparent. So lauschen die Kinder gespannt der Erzählung von der Arche Noah. Es sind die Gemeinsamkeiten, nicht die Gegensätze, die im Sidonie-Werner-Kinderhaus betont werden.

Andreas Stehle

Die Idee der gleichwertigen Berücksichtigung der drei monotheistischen Religionen

Im Sidonie-Werner-Kinderhaus lernen die Kleinen früh gegenseitige Wertschätzung. Wenn sie etwa in die Synagoge gehen, um sich beispielsweise Bücher aus-

Sitzt die Kippa auch fest auf dem Kopf?

zuleihen, setzen sich auch die nichtjüdischen Jungen eine Kippa (Kopfbedeckung) auf. Sie tun das nicht, weil sie sich jüdisch fühlen würden, sondern aus Respekt vor der Religion des Freundes. Respekt, Wertschätzung und Neugierde gegenüber den Religionen sind elementare Lerninhalte der Kita-Arbeit.

Sehr sensibel achtet man in der Kita darauf, dass alle drei Religionen gleich behandelt und thematisiert werden. Der Leiterin Myriam Blender ist wichtig, dass der interreligiöse Kindergarten „nicht nur so auf dem Papier steht, sondern Wirklichkeit wird". Die verschiedenen Religionen sollen ganz selbstverständlich ihren Platz im Alltag der Einrichtung haben. Jedes Kind soll die Möglichkeit haben, der Gruppe zu zeigen, was die Besonderheit seiner Religion ausmacht und was es Schönes mit Religion verbindet. Die Kinder sind eingeladen, religiöse Gegenstände in die Kita mitzubringen. Gern werden auch neue religiöse Lieder miteinander gesungen. Die Impulse kommen dabei von den Kindern.

Weihnachten und Chanukka

Impulse zum Kennenlernen der anderen Religionen und Kulturen gehen häufig von den Kindern aus. Sie tauschen sich im Alltag über unterschiedliche Bräuche und Festlichkeiten aus. Sie werden von uns Erzieherinnen und Erziehern pädagogisch unterstützt, wenn es um Feste, Speisegesetze, Kleidervorschriften, Gebräuche und dergleichen geht.

So ist es zum Beispiel vorgekommen, dass ein Junge aus einer christlichen Familie seine beste Freundin mit jüdischer Religionszugehörigkeit nach den Winterferien fragte, was sie zu Weihnachten bekommen hätte. Sie antwortete ihm: „Nichts – wir feiern kein Weihnachten, ich bin doch jüdisch!" Der Junge reagierte tief betroffen: „Du Arme, dann bekommst du ja gar keine Geschenke!?" Ich erklärte dem Jungen, dass ungefähr um die Weihnachtszeit das jüdische Chanukkafest, das Lichterfest, stattfindet. Dann werde der achtarmige Kerzenleuchter, Chanukka genannt, entzündet, über acht Tage jeden Tag eine Kerze mehr. An Chanukka bekämen die Kinder auch Geschenke, sagte ich dem Jungen. Er war dann sichtlich erleichtert und lachte: „Was hast du denn zu Chanukka bekommen, Shira?" Ein paar Tage danach wurden in der Kita viele Bücher gewälzt zu Weihnachten und zum Chanukkafest. Die Neugier der Kinder war geweckt.

Die Rituale am Mittagstisch

Das Mittagessen, das selbstverständlich „hallel" und „kosher" ist (das also den muslimischen und jüdischen Speisegesetzen entspricht), nehmen wir gemeinsam ein und beginnen mit einem Tischspruch. Ein christlicher Junge, der noch nicht lange im Haus war, faltete seine Hände. Da ging seine Mutter, die ihn in der Eingewöhnungsphase noch begleitete, dazwischen und sagte: „Nein, Ernie, das machen wir nur zu Hause so!" Ich schlug vor, dass Ernie uns doch zeigen könnte, wie sie daheim vor dem Essen beten. Er sprach einen Dankessegen für die Mahlzeit auf Deutsch, worauf ein jüdisches Mädchen einstieg und sagte: „Und so machen wir das zu Hause ..." Sie stand auf und sprach im Stehen auf Hebräisch einen Segensspruch über das Essen.

„Was machst du da?" – Kinder lernen über ihre Religion zu sprechen

Religiöse Impulse, Fragen und Anregungen der Kinder im Alltag aufzugreifen und mit ihnen zu arbeiten ist in der Einrichtung zentraler Bestandteil der Bildungsarbeit. Später sollen diese Themen gezielt in einem Projekt mit den Kindern aufgegriffen werden. Die Erfahrung zeigt schon jetzt, dass die Kinder sehr genau zu unterscheiden lernen, welche ihre eigene Religion und welche die ihres Freundes ist. Sie lernen ihre Freunde zu akzeptieren, wie sie sind – auch mit ihrer jeweiligen Religion. Ein erster Schritt zum gemeinsamen und offenen Miteinander.

Immer im Blick bleiben müssen die Fragen der Eltern. Im Aufnahmegespräch und bei Elternabenden geht es um interreligiöse Bildung. Als die Kinder vor kurzem im Garten eine Hütte zum Laubhüttenfest (Sukkot) aufgestellt hatten, sprachen wir gezielt mit den Eltern darüber, erläuterten die Hintergründe des Festes und luden alle Eltern zum Fest in den Kindergarten ein. Erziehung zu Toleranz ist ein wichtiges Thema im täglichen Miteinander.

Unsere Kinder haben ein Recht auf religiöse Bildung und darauf, dass ihre Fragen behandelt werden. Sie sollen sich ernst genommen fühlen und Achtung vor anderen Kulturen und Religionen lernen – Grundlage für ein gelingendes Hineinwachsen in die Gesellschaft. Sich angenommen und in den unterschiedlichen Befindlichkeiten wahrgenommen zu fühlen, gehört zu den Grundbedürfnissen eines Kindes. Nur wenn diese erfüllt sind, spürt es Sicherheit und kann sich vertrauensvoll allem Neuen zuwenden und sich weiter entwickeln. Ein Schwerpunkt in unserer Arbeit ist die Wertschätzung und Anerkennung anderer Kulturen und Religionen und damit auch die Festigung der eigenen Riten und Wurzeln. Durch die interreligiöse Arbeit der Kita wird den Kindern früh vermittelt, Neuem und Fremdem nicht mit Ablehnung, sondern mit Neugier und Interesse zu begegnen.

Myriam Blender

Impulse für die Praxis

- Im Sidonie-Werner-Kinderhaus ist jede Religion im gleichen Maße herzlich willkommen. Diskutieren Sie im Team, ob das in Ihrer Einrichtung auch der Fall ist. Tauschen Sie sich doch einmal darüber aus, wie jede einzelne pädagogische Fachkraft zu den verschiedenen Religionen steht.
- Die religiösen Impulse der Kinder wahr- und ernst nehmen.
- In Bad Segeberg spielen die Kinder gern mit „ihren" Stoff-Thora-Rollen. Überlegen Sie, ob Sie ähnliche Angebote erstellen können, bei denen sich die Kinder auch aktiv mit einer Religion auseinandersetzen können.
- Das Gemeinsame der Religionen betonen, ohne zugleich die Unterschiede zu verwischen.

Familienreligion –
ein Thema von Anfang an | 7

Kindergarten der Evangelischen Gemeinde Cantate Domino, Frankfurt am Main

„Die Familienkulturen und Familienreligionen sind für unsere Arbeit zentrale Bezugspunkte."

Silke Feldberg-Akhand, interkulturelle und interreligiöse Fachkraft

Der Kindergarten der evangelischen Gemeinde Cantate Domino im Nordwesten Frankfurts versteht sich als ein Ort inklusiver Pädagogik. Ein Schwerpunkt der Einrichtung ist die Integration von Kindern mit Behinderung. In jeder der drei Kindergartengruppen spielen und lernen 15 Kinder altersgemischt vom dritten Lebensjahr an bis zum Schuleintritt; davon haben vier bis fünf Kinder Behinderungen und besonderen Förderbedarf.

Ein vielfältiges Bild entsteht in diesem Kindergarten aber auch durch die vielen Kulturen und Religionen, die hier zusammen kommen: Von den 45 Kindern haben 35 einen Migrationshintergrund. Die Herkunftsländer sind Türkei, Marokko, Afghanistan, Pakistan, Italien, Kroatien, Österreich, Rumänien, Polen, Somalia, Äthiopien, Eritrea, Chile und Palästina. Auch mit Blick auf die Religionszugehörigkeiten ergibt sich ein buntes Bild: 20 muslimische (sunnitisch, alevitisch und Ahamadiya), 18 christliche (evangelisch, katholisch und orthodox) sowie 7 Kinder ohne Konfessionszugehörigkeit. Auch viele binationale und bireligiöse Familien sind vertreten.

Das besondere Profil:
- Familienkultur und Familienreligion der Kinder sind von Anfang an Thema
- Feste in der Einrichtung
- Interkulturelle und interreligiöse Reflexionen in der Konzeption der Einrichtung

Das Markenzeichen:
- Die interreligiöse Kleingruppe

Familienkultur und Familienreligion der Kinder sind von Anfang an Thema

Um in dieser kulturellen und religiösen Vielfalt nah an den Kindern zu sein und ihre Lebenswelten in der Einrichtung aufnehmen zu können, muss das Team von Anfang an die Familienkulturen und das jeweilige religiöse Umfeld kennen lernen. Eine der drei Leiterinnen, Helga Krämer, erklärt, wie das konkret geht.

Der Erstkontakt

Eltern, die erwägen, ihr Kind im Kindergarten der evangelischen Gemeinde Cantate Domino anzumelden, werden von Mechthild Geissner-Lorenzen, Mitglied des Leitungsteams, zum Gespräch eingeladen. Sie führt sie auch durchs Haus. „Es ist wichtig, dass die Eltern uns und wir die Eltern kennen lernen." Dies biete dem Kind die beste Voraussetzung für einen optimalen Start. Besonders gelte dies für Familien mit Migrationshintergrund. Bei der Führung hören die Eltern, wie das pädagogische Konzept aussieht und der Alltag in der Einrichtung läuft. Das Team wiederum erfährt Wichtiges über die Familie. Die Leitung weiß wohl, dass diese Gespräche immer eine Gratwanderung zwischen begründetem Interesse an Kultur und Religion der Familie und grenzüberschreitender Neugier und Indiskretion bedeuten. Der Weg geht deswegen immer über das Kind. Die Eltern erzählen gern, was ihr Kind so tut, wie es sich in den ersten drei Lebensjahren entwickelt hat, welche Ereignisse für das Kind wichtig und prägend waren. Verlauf und Intensität dieser Gespräche sind ganz unterschiedlich. Ein erster Schritt hin zur gemeinsamen Vertrauensarbeit ist aber auf jeden Fall getan.

Das erste Gruppengespräch

Ist das Kind dann angemeldet, findet das nächste Gespräch mit den Erzieherinnen aus der Gruppe statt, in die das Kind kommen wird.

Für diese Gespräche hat die interreligiöse und interkulturelle Fachkraft der Einrichtung, Silke Feldberg-Akhand, einen Gesprächsleitfaden entwickelt. Er wird nicht stur abgearbeitet, dient aber als Gedächtnisstütze. Neben Fragen nach Herkunftsland, ethnischer Zugehörigkeit sowie der in der Familie gesprochenen Sprache liegen Silke Feldberg-Akhand besonders drei Bereiche am Herzen: „Welche Rituale, Feste und Feiern aus Ihrer Herkunftskultur und -religion werden in ihrer Familie gepflegt? Was ist Ihnen mit Blick auf Ihre Herkunftskultur und Religion bei der Erziehung Ihres Kindes wichtig? Gibt es in diesem Zusammenhang Regeln, Vorschriften oder Wünsche, die im Kindergarten beachtet werden sollen?"

Es geht darum, die individuelle Kultur und Religion einer jeden Familie kennen zu lernen, gerade weil die kulturelle und religiöse Bandbreite im Kindergarten so groß ist. Jede Familie mit Migrationshintergrund muss – reflektiert oder unreflektiert – für sich herausfinden, in welches Verhältnis sie Kultur und Religion aus ihrem Heimatland zu Kultur und Religion im Zuzugsland setzen will. So gibt es durchaus muslimische Familien, die Weihnachten feiern, damit ihre Kinder das Gefühl haben können, richtig dazuzugehören.

Diese Gruppen-Elterngespräche liefern viele Informationen und tragen zu einem besseren Verständnis der neuen Gruppenkinder bei. Das Kind etwa, dessen Mutter aus Marokko und dessen Vater aus Russland kommt, wird im muslimischen Glauben erzogen. Beide Elternteile sind muslimisch, was allein durch die Angaben zur Nationalität nicht zu erkennen gewesen wäre. In binationalen und/oder bireligiösen Familien ist die Vielfalt besonders groß.

Ein drittes vertiefendes Gespräch

Dieses Gespräch kann sich anschließen, wenn Fragen offen geblieben sind: In der sogenannten grünen Gruppe nimmt Silke Feldberg-Akhand als interreligiöse und interkulturelle Fachkraft an diesen Gesprächen teil. Zu den Gesprächen der anderen beiden Gruppen kann sie hinzugezogen werden. So war es etwa bei einer äthiopischen Familie, deren Kinder kein Schweinefleisch essen sollten. Es handelte sich nicht um eine muslimische Familie. Das Gespräch half weiter: Die Familie war äthiopisch-orthodox. Sie folgte den mosaischen Speise-

Die unterschiedlichen Puppen helfen auch, die verschiedenen Familienkulturen und -religionen in die Einrichtung zu holen

geboten, die den Genuss von Schweinefleisch verbieten. Ein anderes Gespräch förderte zutage, dass ein muslimisches Paar der nicht überall anerkannten Ahamadiya-Bewegung angehört.

Silke Feldberg-Akhand zeigt so großes Interesse an anderen Kulturen und Religionen, weil sie es in der Fremde als wohltuend erfuhr, wertgeschätzt und akzeptiert zu werden. Sie lebte selbst für längere Zeit im Ausland und begeistert erzählt sie, wie sie in dem muslimischen Land von einer Arbeitskollegin an Heiligabend ein kleines Geschenk bekam, obwohl dies dort ein normaler Arbeitstag war. Viel lernte sie auch in der interkulturellen und interreligiösen Fortbildung beim evangelischen Regionalverband in Frankfurt dazu.

Feste in der Einrichtung

Ein im Team abgesprochenes Ziel ist es, die Familienkulturen und Familienreligionen im Kindergartenalltag aufzunehmen. So entstand die Idee eines interkulturellen Osterfestes. In allen christlichen Kulturen ist die Botschaft von der Auferstehung Jesu Zentrum dieses Festes. Darüber hinaus brachten die verschiedenen Kulturen aber unterschiedliche Traditionen hervor. In der griechisch-orthodoxen Tradition etwa sind alle Ostereier rot gefärbt, weil Rot dort als Farbe der Freude gilt. Auch einzelne Familienfeste finden Aufnahme im Kulturleben des Kindergartens. So war in Gesprächen mit äthiopischen Eltern von ihrem Neujahrsfest zu erfahren, das Äthiopier in aller Welt am 11. September feiern.

Natürlich können nicht alle Feste im Kindergarten gefeiert werden. Aber in jedem Fall wird den jeweiligen Eltern und Kindern zu ihrem Fest gratuliert. Im Morgenkreis kommen die Inhalte des Festes zur Sprache.

Anlässlich des äthiopischen Neujahrsfests kommen Josias und seine Schwester in Festkleidung

Gratulationen zum Ramadanfest

Interkulturelle und interreligiöse Reflexionen in der Konzeption der Einrichtung

Es sind nicht nur die Elterngespräche, deren Erträge und Erkenntnisse in den Kindergartenalltag einbezogen werden. Die Erzieherinnen lassen sich auch bewusst von den Kindern anregen. In der Konzeption der Einrichtung steht: „Unser Ziel ist es:

- Die Kinder auf ihre Weise als „Gottessucher", „Theologen" und „Philosophen" ernst zu nehmen.
- Uns von den Kindern „verunsichern" zu lassen, religiöse und ethische Fragen mit ihnen gemeinsam zu erarbeiten und mit ihnen auf die Suche nach Antworten und Deutungsangeboten zu gehen.
- Uns auf die vielfältigen Sprach- und Ausdrucksformen von Religion einzulassen. Eine Auswahl sei genannt: „eine anregungsreiche Umgebung, in der Kinder Stille, Geheimnisvolles und Tiefgründiges erleben können; die Vorgänge in der Natur aufmerksam wahrnehmen; sich mit religiösen Symbolen, Bildern und Musik auseinandersetzen; Erleben von religiösen Festen und das Erforschen ihrer Ursprünge und Wurzeln; Einführen von sinnstiftenden Ritualen; Besuch von Kirchen und Moscheen; religiöse Kunst in der Umgebung erkunden, selbst kreativ werden, seine Empfindungen zum Ausdruck bringen."

Die Kinder erleben in der Einrichtung viel Gemeinsames, nehmen aber auch Unterschiede wahr. Dabei kommt es zu Kinderfragen wie: „Mama sagt, ich darf keine Gummibärchen essen, weil ich Muslim bin. Warum darf Aysha Gummibärchen essen, die ist doch auch Muslimin?" Laut Silke Feldberg-Akhand können Aussagen von Kindern auch die anderen irritieren: „Wenn du hier Fleisch isst, kommst du ins Feuer!" Um die religiösen Fragen der Kinder noch besser aufgreifen zu können, hat Silke Feldberg-Akhand eine interreligiöse Kinderkleingruppe eingeführt, die sie im Folgenden selbst vorstellt.

Anke Edelbrock

Die interreligiöse Kleingruppe

Seit etwa einem Jahr biete ich eine interreligiöse Kleingruppe an. Sechs Kinder im Vorschulalter lernen mit dem Esel Ruben Geschichten kennen, die in der Bibel und im Koran vorkommen.

Warum entstand diese Gruppe?

Die Kindertagesstätte ist meist der erste Ort, an dem Kinder und ihre Familien mit unterschiedlicher oder auch ohne Religionszugehörigkeit zusammen kommen. Hier bietet sich die Chance, voneinander zu lernen, früh von unserer christlich geprägten Kultur und von der Pluralität unserer Gesellschaft zu erfahren.

Das Wort Religion ist den Kindern oft noch kein Begriff. Sie erleben ihre Religion durch die Feste, die sie in ihren Familien feiern, und durch Rituale. Sie wachsen in ihre Religion hinein durch Besuche von Gotteshäusern, durch Speisegebote, Kleidung, Symbole und nicht zuletzt durch Geschichten, die ihnen erzählt werden.

Wie gehe ich mit den religiösen Fragen der muslimischen Kinder um? Und wie mit religionsunspezifischen, universalen Fragen der Kinder zu Gott?

Da Kinderfragen im Alltag nicht immer gleich aufgegriffen werden können, biete ich mit der „Esel-Ruben-Gruppe" einen Rahmen, in dem sich jedes Kind mit seinen religiösen Fragen und Erfahrungen angenommen fühlen kann.

Die Gruppe setzt sich zur Zeit aus vier Mädchen und zwei Jungen zusammen. Zwei Kinder stammen aus muslimischen Familien, die anderen sind äthiopisch-orthodox, evangelisch, katholisch und ohne Konfession. Außer einem haben alle Kinder einen Migrationshintergrund.

Welche Geschichten wähle ich aus?

Es gibt viele Geschichten, die in der Bibel und im Koran vorkommen. Für die Auswahl im Kindergarten gibt es wichtige Kriterien: Was ist die Botschaft? Was sind die Herausforderungen an die Hauptpersonen? Können sich Kinder mit ihnen identifizieren? Wie kann ich die Hauptperson lebendig werden lassen? Wie endet die Geschichte — befreiend, wird Vertrauen belohnt, wird alles gut? Dann finde ich heraus, wie die Hauptpersonen auf Arabisch heißen: z. B. Abraham = Ibrahim, Adam = Adem, Eva = Hava, Jona = Yunus.

Welche Materialien verwende ich?

Esel Ruben ist eine Handpuppe. Erfahrungsgemäß öffnen sich Kinder einer Puppe gegenüber leichter. Mit seinen Fragen hilft Ruben den Kindern, sich in Personen und Situationen hineinzuversetzen. Ich benutze eine Kinderbibel und den „Koran für Kinder und Erwachsene", der schön gestaltet ist, auch das arabische

Schriftbild zeigt und viele gute Erklärungen enthält. Weitere Materialien nach Bedarf sind Bilder, Kunstpostkarten, Fotos, Landkarten, Ausmalbilder, Puppen, Playmobil-Figuren fürs Nachspielen von Geschichten wie David und Goliath, Schleich-Tiere und Ostheimer-Figuren. Auch kurze Zeichentrickfilme, Bilderbücher, Dias, CDs mit Klängen und Liedern helfen dabei, Inhalte sinnlich erfahrbar zu machen. Ferner werden Bastelmaterialien zum Gestalten eingesetzt. So haben wir für die Schöpfungsgeschichte kleine Menschenfiguren aus Ton geformt und versucht, sie zum Leben zu erwecken. „Das kann nur Gott!", stellten die Kinder fest.

Der Esel Ruben erzählt spannende Geschichten

Wie kann der Ablauf eines Gruppentreffens aussehen?

Im wöchentlichen Erzählkreis begrüßt Esel Ruben jedes Kind. Als Anfangsritual bekommen alle einen Tropfen Duftöl zum Verreiben auf die Handflächen. Ich zeige den Kindern die Bibel und den Koran und sage ihnen, dass ich eine Geschichte erzähle, die in beiden heiligen Büchern vorkommt. Die Hauptpersonen benenne ich in beiden Sprachen. Während ich erzähle, stellt Ruben Fragen und fordert damit die Kinder zum Überlegen, zum Fragen und zum Antworten heraus. So können sie im Dialog mit Esel Ruben die erzählte Geschichte mit ihrer eigenen Erfahrungswelt in Beziehung setzen. Durch Ruben erfahren sie, dass keine Frage dumm und keine Überlegung falsch ist. Es wird nicht gewertet.

Wir treffen uns etwa zwei bis drei Mal für jede Geschichte. Bei unseren Treffen mache ich mich mit den Kindern in Offenheit auf den Weg und beharre nicht auf einem starren Programm. Es gibt Gelegenheit, die Geschichten nachzuspielen oder nachzuerzählen und bei Bedarf bei einem Thema länger zu verweilen. Das war so, als ich vom betenden Jona im Bauch des Wals erzählte. Als Esel Ruben wissen wollte, was Beten ist, wollten alle Kinder über ihre eigenen Gebetserfahrungen reden und mitteilen, wann, wo, wie und mit wem sie beten.

Zum Abschluss der Treffen gibt es meistens ein passendes Spiel oder etwas Leckeres zu essen. So gab es nach der Arche-Noah-Geschichte Kekse in Tierform und Meerestiere aus Fruchtgummi; nach der Geschichte von David und Goliath übten wir uns im Steinschleuderschießen.

Das Thema Gotteshäuser erarbeiteten wir uns zunächst im Kindergarten. In Gesprächen, in denen Esel Ruben wieder viel wissen wollte, stellten wir viele Gemeinsamkeiten und Unterschiede fest. Dias, Fotos, Klänge von Kirchenglocken, einem Gong oder Gebetsrufe sowie ein Zeichentrickfilm über einen Kirchenbesuch waren weitere Mittel, das Thema eingängig zu machen. Anschließend unternahmen wir mit Ruben unsere Ausflüge zu den Gotteshäusern.

Welche Geschichten und Themen haben wir schon behandelt und was ist geplant?

Bisher behandelten wir die Schöpfungsgeschichte, die Vertreibung aus dem Paradies, die Geschichten von der Arche Noah, von David und Goliath, Abraham und Sara und von Jona. Als Thema haben wir auch das Opferfest, und damit Abrahams Opfer, angeschaut. Wir besuchten in der Frankfurter Innenstadt eine Moschee sowie evangelische und katholische Kirchen. Wir wollen noch tiefer in Lebenswelten einsteigen und noch mehr religiöse Vielfalt erleben. So planen wir, das Nomadenzelt im Bibelhausmuseum zu besuchen, den buddhistischen Tempel der taiwanesischen Gemeinde und eine Synagoge.

Zwischenbilanz

In der „Esel-Ruben-Gruppe" zeigt sich, dass es Kindern wichtig ist, ihre religiösen Erfahrungen und Fragen einzubringen. Sie sind neugierig, wissbegierig und Neuem gegenüber aufgeschlossen. Sie zeigen große Offenheit füreinander und lernen, Verschiedenheit als normal zu akzeptieren.

Auch die Eltern der Kinder stehen mir mit Rat und Tat zur Seite. Von der Begleitung bei Ausflügen bis zur Materialbeschaffung erfahre ich viel Unterstützung.

Vor dem Moscheebesuch äußerten muslimische Eltern Bedenken, weil die von mir gewählte Moschee nicht zu ihrer jeweiligen Gemeinde gehört. Ich konnte ihnen klarmachen, dass ich eine schöne Moschee mit den Kindern besuchen möchte, damit sie ein positives Bild erhalten – ich hatte ja auch schöne Kirchen ausgesucht. Das verstanden die Eltern, zumal wir die Gemeinden der Kinder ja später noch besuchen könnten.

Vielen Eltern war wichtig, dass die Geschichten bei den Kindern keine Ängste auslösen. Sie waren dankbar für Rückmeldungen über den Verlauf der Kleingruppentreffen. Bedenken hatte auch ich beispielsweise beim Erzählen der Arche Noah-Geschichte. Für die Kinder aber war es ganz klar: Es war gerecht, dass die

Bösen ertrunken sind. Esel Ruben fragte, ob sie denn keine Angst hätten, dass Gott noch einmal sauer werden könnte? Es gebe ja auch heute noch böse Menschen ... Einhellig antworteten die Kinder, Gott habe doch mit dem Zeichen des Regenbogens versprochen, nicht noch einmal eine Sintflut zu schicken. Und: Für die bösen Menschen habe man heutzutage ja Polizei und Gefängnisse.

So lerne auch ich durch die Kinder immer wieder neue Aspekte der Geschichten kennen und freue mich auf weitere spannende Treffen mit ihnen und Esel Ruben. Viele Bildungschancen ergeben sich, wenn kulturelle und religiöse Vielfalt als Aufgabe und Bereicherung wahrgenommen wird.

Biblische Geschichten zum Anfassen

Silke Feldberg-Akhand

Impulse für die Praxis

- Sprechen Sie Religion von Anfang an in den Elterngesprächen an. Folgende Fragen können helfen: Welche Rituale, Feste, Feiern aus Ihrer Herkunftskultur und Religion werden in Ihrer Familie gepflegt? Was ist Ihnen mit Blick auf Ihre Herkunftskultur und Religion bei der Erziehung Ihres Kindes wichtig? Gibt es in diesem Zusammenhang Regeln, Vorschriften oder Wünsche, die im Kindergarten beachtet werden sollen?
- Treffen Sie Absprachen und Regelungen, wer in welchen Gesprächen was thematisiert. Informationen zur jeweiligen Familienreligion an das Team weitergeben.
- Es gibt weder die eine christliche Art und Weise, Religion in der Familie zu leben, noch die eine muslimische. Schaffen Sie Situationen, in denen Sie in vertrauensvoller Atmosphäre mit den Eltern über deren je eigene Art der Familienreligiosität reden können.
- Sprechen Sie zu religiösen Festen anderer Religionen Gratulationen aus (persönlich, mit Plakaten oder mit von den Kindern gebastelten Gratulationskarten).
- Verankerung der interreligiösen und interkulturellen Arbeit im Konzept der Einrichtung.
- Durch Angebote (z. B. interreligiöse Kinderkleingruppen) den interreligiösen Dialog zwischen den Kindern anregen.

8 Von Nachbar zu Nachbar

Kindertagesstätte Komsu e. V., Berlin

"Hier in Kreuzberg wohnen sehr viele verschiedene Kulturen, zahlenmäßig dominant sind die deutsche und die türkische. Im Alltag müssen wir aber immer wieder feststellen, dass sehr viel nebeneinanderher gelebt wird und wenig miteinander. Und da schaffen wir einen Ort, an dem zusammen etwas stattfinden kann."

Gerd Ammann, Leiter der Kita Komşu e. V.

In der Kita Komşu sind alle willkommen

Berlin – die bevölkerungsreichste Stadt Deutschlands. Im Stadtteil Kreuzberg am Paul-Lincke-Ufer zwischen Görlitzer Park und Landwehrkanal liegt die Interkulturelle Kindertagesstätte Komşu e. V. Kreuzberg gehört zu den am dichtesten besiedelten Stadtteilen Berlins und gilt als einer der einkommensschwächsten: Fast ein Drittel der rund 160.000 Einwohner sind Migranten, viele ehemalige türkische Gastarbeiter und ihre Nachkommen leben hier.

Die Kindertagesstätte Komşu e. V. hat acht Kindergruppen mit derzeit 135 Kindern, eingeteilt in fünf Kleinkindgruppen (1 bis 4 Jahre) mit je 12 bis 13 Kindern und drei Vorschulgruppen (4 bis 6 Jahre) mit je 16 bis 17 Kindern.

Das besondere Profil:
- Die Mischung macht's!
- Die Räumlichkeiten der Kita und die traditionelle türkische Tee-Ecke
- Interkulturelle Erziehung – „inter" = zwischen den Kulturen

Das Markenzeichen:
- Komşu heißt Nachbar – der nachbarschaftsorientierte Ansatz

Bunt gemischt und doch haben sie viel gemeinsam: Die Leidenschaft fürs Malen!

Die Mischung macht's!

In den Gruppen sind im Idealfall je zur Hälfte Deutsche und Nichtdeutsche, das gilt für die Kinder wie für die Mitarbeiterinnen und Mitarbeiter. Derzeit ist etwa ein Drittel der Kinder deutscher, ein Drittel türkischer und ein Drittel binationaler Herkunft. Binational heißt: Ein Elternteil kommt aus Deutschland, der andere aktuell aus den Ländern Benin, Brasilien, Finnland, Ghana, Großbritannien, Island, Italien, Kolumbien, Kroatien, Libanon, Marokko, Polen, Russland, Serbien, Türkei, Ungarn oder USA.

Die Räumlichkeiten der Kita und die traditionelle türkische Tee-Ecke

In der Kita Komşu wird besonders darauf geachtet, dass alle vertretenen Kulturen und Sprachen in der gesamten Kita für die Kinder sichtbar, hörbar und erlebbar werden. An nahezu allen Wänden sind Begrüßungsformeln, Sprüche und Gedichte in verschiedenen Sprachen zu lesen.

Flaggen der verschiedenen Länder, zweisprachige Bücher und Spielgegenstände aus vielen Gegenden der Welt greifen die nationale Vielfalt in der Einrichtung auf. Auch die einzelnen Räume sollen typisch nach den Herkunftsländern der Kinder und der Erzieherinnen gestaltet werden. Neu hinzugekommen ist die traditionelle

Ein Haus ohne Kinder ist wie ein Garten ohne Blumen

Das Einstudieren von Kinderliedern aus fernen Ländern gehört zum festen Programm der Kita Komşu

türkische Tee-Ecke im Musikraum. „Sie hat seit langem gefehlt", so der Leiter der Kita, Gerd Ammann. Gerade dort wird für die türkischen Kinder deren vertraute Kultur sichtbar. Genutzt wird die Tee-Ecke, um gemütlich zusammensitzen und um spannenden Geschichten und Märchen lauschen zu können. Auch neue Lieder lernen die Kinder dort. Gern singen sie zum Beispiel „Bruder Jakob", das alle schon auf Deutsch und Türkisch im Repertoire haben.

Interkulturelle Erziehung – „inter" = zwischen den Kulturen

„Interkulturelle Erziehung heißt wörtlich eine Erziehung zwischen Kulturen", sagt Gerd Ammann. Kultur äußert sich beim Essen, in Religion, Musik und Kunst, in Medizin und Wissenschaft, in Traditionen und Lebensweisen sowie in der Erziehung. Interkulturelle Erziehung meint also den Prozess der Auseinandersetzung mit diesen verschiedenen Bereichen. Zentrales Element ist das gleichberechtigte Miteinander der verschiedenen Kulturen und das voneinander Lernen. Das geschieht dadurch, dass das jeweilige kulturelle Selbstverständnis unterstützt und gefördert wird. Es gilt dabei, Gemeinsamkeiten zu entdecken und sie herauszuarbeiten. Das empfindet man in Komşu als Reichtum – Gegensätze und Unterschiede zu verwischen, würde diesem Ansatz widersprechen.

Leitlinie für die interkulturelle Arbeit der Kita ist der nachbarschaftsorientierte Ansatz. Er ist gleichzeitig Grundlage der konzeptionellen Rahmenbedingungen für die alltägliche Arbeit „zwischen den Kulturen".

Annegret Maile, Anke Edelbrock

Komşu heißt Nachbar – der nachbarschaftsorientierte Ansatz

Die Kita Komşu entstand 1975 nach der Grundidee des gemeinsamen Besuches von deutschen und ausländischen Kindern. Die Einrichtung sollte dazu beitragen, dass deutsche und ausländische Bewohner des Stadtteils sich als Nachbarn wahrnehmen und gemeinsam aktiv werden. Diese Idee ist bis heute Basis des Kindergartens. „Interkulturell zu lernen und nachbarschaftlich miteinander zu leben", so der Leiter Gerd Ammann, „zeigt sich genau daran, mit Menschen anderer Kulturen zu leben und sie zu erleben." Es gelte zu bemerken und wertzuschätzen, dass sie unterschiedliche Sprachen sprechen, dass es deutsche und türkische Erzieherinnen gibt mit Stärken und mit Schwächen. Heute leben in der Nachbarschaft der Kita Komşu vorwiegend Familien türkischer, kurdischer, deutscher und arabischer Herkunft – was sich natürlich in der Kita besonders widerspiegelt. Deswegen kommt der „interkulturellen Kita-Erziehung" ein hoher Stellenwert zu. Ziel ist, die Kinder auf eine Gesellschaft mit verschiedenen Kulturen vorzubereiten. Im Alltag vollzieht sich die nachbarschaftsorientierte Erziehung auf mehreren Ebenen:

Die deutsch-türkische Küche

Zur Auseinandersetzung mit zwei oder mehreren Kulturen gehört, immer wieder nach den jeweiligen kulturellen Eigenheiten zu fragen. Das Essen spielt dabei eine große Rolle. Auf dem Speiseplan der Kita Komşu steht daher nicht nur deutsche, sondern auch türkische „Hausmannskost". Gerichte wie Sulu manti (eine Art türkische Tortellini), Köfte, Börek oder die Suppe Yayla çorbası erfreuen sich großer Beliebtheit bei den Kindern. Vor jedem Essen wünscht sich die Gruppe gegenseitig „Guten Appetit" in den Sprachen der am Tisch Sitzenden.

Das gemeinsame Tischritual

Feste als Begegnungsorte

Die verschiedenen Jahresfeste gehören elementar zum nachbarschaftsorientierten Ansatz in der Kindergartenarbeit. Durch diese Feste können die dazugehörenden Traditionen gepflegt werden und die Kinder entdecken die jeweiligen religiösen Ursprünge. Zu Weihnachten und zu Ostern, zum Ramadanfest und zum Opferfest schauen sich die Kinder mit ihren Erziehern in den Morgenkreisen der Gruppen die religiösen Wurzeln dieser Feste an. Sie üben dazu auch Theaterstücke, Puppenspiele und Lieder ein. Die entsprechenden Feste und ihre Bedeutung werden vonseiten der pädagogischen Fachkräfte gegenüber den Eltern auch in Tür- und Angelgesprächen erwähnt.

Eine besondere Geste hat sich die Kita-Leitung zum Opferfest einfallen lassen. Wie in der Türkei kauft sie für den ersten Tag des Opferfestes ein Lamm. Es wird gegrillt und den Eltern symbolisch überreicht. Wie in der Türkei, wo sich an diesem Tag Freunde und Verwandte gegenseitig besuchen und miteinander essen, gibt es auch in der Kita Komşu ein Festmahl, über das sich die Eltern immer sehr freuen.

Die zweisprachige Erziehung

Die Muttersprache vermittelt Kindern von klein auf kulturelle Werte, Vorstellungen, Denk- und Verhaltensmuster. Für ihre emotionale Entwicklung und das Selbstwertgefühl ist es wichtig zu wissen, dass ihre Muttersprachen in der Kita nicht ausgeklammert werden. Sie können vielmehr erleben, dass sich Erzieherinnen und Eltern in ihrer Muttersprache unterhalten. In der Kita arbeitet daher in jeder Gruppe eine türkischsprachige Erzieherin. Dass in der Einrichtung mehrere Sprachen gesprochen werden, führt aber keineswegs zu einem völligen Durcheinander. Grundprinzip bleibt: „Eine Person – eine Sprache". Dies gilt vor allem in den Kleinkindergruppen. Gerade in der Eingewöhnungsphase erleichtert die muttersprachliche Erzieherin es den türkischen Kindern, in der neuen und fremden Umgebung heimisch zu werden. Zudem können sie ihre Erstsprache Türkisch pflegen und entwickeln. Parallel dazu lernen sie die Zweitsprache Deutsch mit den deutschen Erzieherinnen und Kindern. Deutsch wird immer dann gesprochen, wenn deutsche Gesprächspartner dabei sind. „Wenn unsere Kinder dann in die Schule kommen, können sie Deutsch", so Leiter Gerd Ammann.

Obst in deutscher und türkischer Sprache

Weiteres wichtiges Ziel dieser zweisprachigen Erziehung ist es, den Kindern bereits früh zu vermitteln, dass es unterschiedliche Kulturen mit unterschiedlichen Muttersprachen gibt und dass diese Sprachen gleichen Stellenwert in der Einrichtung haben. So erfahren die Kinder es als Bereicherung, zwei Sprachen sprechen und verstehen zu können. Das Kennenlernen anderer Kulturen und Religionen durch Sprache, Küche, Tanz, Musik und Feste gibt den Kindern die Möglichkeit, den Umgang mit dem „Fremden" zu lernen und die Andersartigkeit des „Anderen" zu erkennen und zu akzeptieren.

Annegret Maile, Anke Edelbrock

Impulse für die Praxis

- In der Komşu-Kita setzt man aufgrund guter Erfahrungen sowohl bei den Kindern als auch im Team auf eine 50 %-Mischung: 50 % Deutsche und 50 % Nicht-Deutsche. Welches Verhältnis liegt in Ihrer Einrichtung vor?
- Kinder und Erwachsene die Kulturen durch unterschiedliche Zugänge wie Musik, Tanz, gestaltete Räume, ländertypisches Mittagessen und Feste erleben und erfahren lassen.
- Nachbarschaftlich zusammenleben, das heißt sich gegenseitig anzuerkennen und die jeweiligen Besonderheiten der Anderen kennen zu lernen.

9 Die religiöse Ecke lädt kleine Forscher ein

Katholischer Kindergarten St. Rita, Reutlingen

„Wir sagten uns, dass wir noch mehr religiöses und interreligiöses Profil in der Kita brauchen. Die Kinder sollten auch bildlich mit den verschiedenen Religionen konfrontiert werden – nicht nur das Kreuz sehen, sondern auch verschiedene Symbole und Bücher anderer Religionen."
Alexandra Claß, Leiterin der Einrichtung

Der kleine katholische Kindergarten St. Rita liegt nahe der Innenstadt von Reutlingen. 25 Kinder besuchen die Einrichtung, die alle in einer Gruppe von vier Erzieherinnen betreut werden.

Die Einwohnerstruktur Reutlingens spiegelt sich im Kindergarten wider, eine bunte Vielfalt an Muttersprachen, Religionen und Kulturen. Fast jedes Kind hat einen Migrationshintergrund. Vier der Kinder sind deutscher Herkunft. Die anderen stammen unter anderem aus Kroatien, Vietnam, Angola, Nigeria, Griechen-

Der katholische Kindergarten St. Rita

land und Pakistan. Teilweise haben die Kinder auch binationale Eltern. Die Öffnungszeiten der Kita sind montags bis freitags von 7.45 Uhr bis 13.45 Uhr, an 30 Tagen im Jahr ist die Einrichtung geschlossen.

> **Das besondere Profil:**
> - Der Morgenkreis – die Willkommenslieder
> - Die religiöse Ecke
> - Interkulturelle und interreligiöse Nachmittage
>
> **Das Markenzeichen:**
> - Die interkulturelle und interreligiöse Öffnung

Der Morgenkreis – die Willkommenslieder

Ein neuer Tag beginnt im Kindergarten St. Rita und die Kinder versammeln sich im täglichen Morgenkreis. Jedes Kind wird von den Erzieherinnen begrüßt. Damit sich auch die Kinder untereinander einen guten Morgen wünschen, haben sich die Erzieherinnen etwas Besonderes ausgedacht und deutsche Willkommenslieder wie „Guten Morgen in diesem Haus" einstudiert. Damit alle Kinder in ihrer Muttersprache begrüßt werden, ließen sie die Lieder in die Sprachen der Kinder übersetzen. Mit viel Freude singen die Kinder diese Lieder und es macht nichts aus, wenn die Melodie mal nicht ganz zur Übersetzung passt.

In der Kita St. Rita dreht sich vieles um die verschiedenen Sprachen der Kinder. So sind über dem Frühstücksbuffet Plakate mit Bildern von Obst und Gemüsesorten, Reis und Brot angebracht. Daneben stehen die Begriffe dafür in sieben verschiedenen Sprachen.

In der Schreibwerkstatt können die Kinder verschiedene Schriften entdecken. Auf kleinen „Alphabettafeln" hängen das deutsche, das chinesische, das russische, das arabische und das vietnamesische Alphabet. Auch in Blindenschrift sind die Buchstaben notiert. Gerne malen die Kinder die Lettern nach und entwerfen bisweilen ihr ganz eigenes Alphabet.

Beim Frühstück unterschiedliche Sprachen kennen lernen

Die religiöse Ecke

Im Rahmen der „interkulturellen Öffnung der Kita" (vgl. den zweiten Teil dieses Beitrages) und des Konzepts der Kita, das sog. Infans-Konzept, entstand die religiöse Ecke. Zuerst war die Idee da, einen festen Platz in der Kita zu schaffen, an dem sich alles um Religion dreht. „Ein solcher Platz hat lange in der Kita gefehlt", sagt die Leiterin Alexandra Claß. Jetzt können die Kinder die Ecke gleich erkennen und einfach hinlaufen. „Sie sollen nicht nur das Kreuz sehen, sondern auch verschiedene Symbole und Bücher anderer Religionen", so Alexandra Claß. Auch bildlich sollen sie anderen Religionen begegnen. Regelmäßig gehen die Erzieherinnen ganz gezielt mit den Kindern dorthin. Einmal im Monat gibt es einen festen „Bibeltag" oder mittlerweile den „Religiösen Tag". An diesem Tag wird ein aktuelles Thema besprochen. An den christlichen Festtagen gibt es verschiedene Angebote. Die Geschichte zum jeweiligen Fest wird allen Kindern vorgelesen und im Anschluss daran können die Kinder wählen: Entweder sie malen die Geschichte, bauen etwas dazu oder spielen sie nach.

An den christlichen Feiertagen fragt man in der Kita aber auch nach den anderen Religionen: „Was läuft denn bei euch gerade?" oder „Was gibt es denn bei euch für ein Fest?". Die Feste der anderen in der Kita vertretenen Religionen werden ebenfalls am „Religiösen Tag" besprochen. Um Feste anderer Religionen vorzustellen, werden zuerst gezielt die Eltern angesprochen. Auch wenn dafür Fachleu-

Die religiöse Ecke

Gemeinsam Spaß haben beim Malen

te aus dem Dolmetscherpool der Stadt Reutlingen übersetzen müssen, erklären sich die Eltern doch gern bereit, von ihrer Religion zu berichten.

Die religiöse Ecke soll erweitert werden, die Pläne dafür liegen schon bereit. „Es sollen noch Plakate dazukommen, die beschreiben, was zu jeder Religion gehört", sagt Alexandra Claß. Schließlich will sie noch Fotos von Gotteshäusern aufhängen, die bei Besuchen von Kirche, Moschee und Synagoge gemacht werden.

Interkulturelle und interreligiöse Nachmittage

Da die Eltern kaum zu Elternabenden kamen, fragten sich die Erzieherinnen, was die Mütter und Väter denn am ehesten interessiert und was sich ändern muss, damit die Eltern- und Themenarbeit der Kita erfolgreicher wird. Die Eltern signalisierten, dass Abendtermine für sie ungünstig sind. Deshalb finden seit längerem die Treffen mit den Eltern an Nachmittagen statt. Ein Elterncafé mit Kinderbetreuung einmal im Monat ist ein fester Treffpunkt geworden. Die Eltern sollen auch miteinander in Kontakt kommen und sich austauschen können. Jeder ist eingeladen, zum Elterncafé einen Kuchen nach einem Rezept aus seinem Heimatland mitzubringen. Klar, dass es an diesem Tag immer ein Riesenbuffet gibt.

An den Elternnachmittagen greift das Team von St. Rita gezielt die Themenwünsche der Eltern auf. Da geht es dann schon mal um Verkehrssicherheit, Bildungsdokumentationen, Bildungsthemen der Kinder, aber häufig redet man an solchen Nachmittagen auch über Religion und Kultur. Diese interkulturellen und interreligiösen Nachmittage finden in Zusammenarbeit mit den Eltern statt, die dann auch selbst Aufgaben übernehmen. Ein Beispiel: Für einen Nachmittag unter der Überschrift „Islam" fragten die Erzieherinnen gezielt Muslime, ob sie nicht Lust hätten, ihre Religion den anderen Eltern vorzustellen. Einige von ihnen bereiteten in den folgenden Wochen einen Nachmittag rund um den Islam vor. Bei diesem Treffen erzählten sie vom muslimischen Alltag, berichteten von Festen und beschrieben Bräuche, studierten mit den anderen ein religiöses Lied ein und versorgten alle mit türkischen Köstlichkeiten. „Die anderen Eltern waren begeistert", so Alexandra Claß.

Ein Projekt brachte die interkulturelle und interreligiöse Arbeit in St. Rita ins Rollen: die interkulturelle und interreligiöse Öffnung, moderiert von einer Mitarbeiterin des Migrationsdienstes, Christiane Schindler. Dieser Öffnungsprozess der Kita wird im Folgenden dargestellt, um zu zeigen, wie in einer Kita eine solche Bildungsarbeit begonnen und realisiert werden kann.

Annegret Maile, Anke Edelbrock

Die interkulturelle und interreligiöse Öffnung

Eine bunte Vielfalt von Sprachen, Religionen und Kulturen gehört zum Alltag der Kindergarteneinrichtung St. Rita. Dieser Herausforderung stellt sich das Erzieherinnen-Team seit vielen Jahren mit großem Engagement. Und das Team griff sofort zu, als die Einrichtung von mir als Mitarbeiterin des Migrationsdienstes des Caritaszentrums Reutlingen das Angebot erhielt, das Projekt „Interkulturelle Öffnung" umzusetzen.

Worum ging es in dem Projekt?

Das Projekt setzte bei der interkulturellen Praxis an, begleitete und unterstützte sie nachhaltig. Die zentrale Frage: Wie kann der Kindergarten St. Rita seinem Bildungs- und Erziehungsauftrag in einer Zuwanderungsgesellschaft noch kompetenter gerecht werden? Den Weg dahin bestimmte das Team selbst.

- Es wählte Aufgabengebiete aus, in denen Veränderungen angestrebt wurden.
- Es formulierte realistisch umsetzbare Ziele.
- Es plante zum Ziel führende Maßnahmen und setzte sie um.

Wie haben wir das Projekt strukturiert?

Das Projekt begann im Februar 2008 und endete im März 2009. Etwa alle drei bis vier Wochen trafen sich Team und Moderatorin zu einer zweistündigen Sitzung. Um den Erzieherinnen Zusatztermine zu ersparen, wurden die Termine in die Dienstbesprechung integriert. Es gab zu jeder Sitzung einen strukturierten Ablaufplan. Die Ergebnisse wurden protokolliert.

In einem ersten Schritt nahm das Team die Praxis unter die Lupe: Wie trägt die Einrichtung bereits jetzt der kulturellen, sprachlichen und religiösen Vielfalt Rechnung? Was fehlt? Wo können wir uns verbessern? Welche Initiativen wurden gestartet, um beispielsweise die Eltern mehr einzubeziehen? Was ist gut gelaufen? Was weniger gut? Und warum? Dabei nahm sich das Team viel Zeit für kollegialen Austausch und reflektierte grundlegende Fragen der Interkulturellen Pädagogik.

In einem zweiten Schritt bestimmten die Erzieherinnen die Aufgabenfelder, in denen sie ihre Arbeit weiterentwickeln wollten. Drei große Aufgabenfelder kristallisierten sich heraus:

- Umgang mit Sprachen: Sprachförderung und Wertschätzung der Familiensprachen
- Interreligiöser Dialog/Interreligiöse Erziehung
- Einbeziehung der Eltern in den Kindergarten

Alles lässt sich nicht auf einmal umsetzen. Deshalb war die nächste Frage: Womit möchten wir beginnen? Was interessiert uns zur Zeit am meisten?

Das Team entschied sich für den Schwerpunkt „Interreligiöser Dialog/Interreligiöse Erziehung". Da der Bereich „Umgang mit Sprachen" auf fast genauso viel Interesse stieß, beschloss das Team ganz pragmatisch, bereits vorhandene Ideen im Alltag umzusetzen. Die mögliche Aufgabe „Einbeziehung der Eltern" stellte es als systematisch zu bewältigendes Arbeitsfeld zunächst zurück.

Schwerpunkt „Interreligiöser Dialog/Interreligiöse Erziehung" – Wo wollen wir hin?

Das Team formulierte als Ziel: Die Kinder sollen lernen, mit religiöser Vielfalt verständnisvoll und selbstverständlich umzugehen, indem sie Werte und Ausdrucksformen der verschiedenen Religionen kennen lernen. Da zur damaligen Zeit der Islam, der Buddhismus und das Christentum in seinen verschiedenen Ausprägungen als Familienreligionen im Kindergarten vertreten waren, konzentrierte sich das Team auf diese drei Weltreligionen.

Mit welchen Maßnahmen wurde das Ziel umgesetzt?

Die Eltern wurden über das Projekt informiert und begrüßten es einhellig. Die Adventszeit bot einen passenden Anlass, um über verschiedene Formen, das Weihnachtsfest zu feiern, und über die Feste und Rituale der anderen Religionen ins Gespräch zu kommen.

Die Lesepatin des Kinderschutzbundes wählte bewusst Vorlesetexte aus dem Themenfeld „Vielfalt der Religionen" aus. Bei der Stadtbibliothek entliehen die Erzieherinnen Bilderbücher zu anderen Religionen. Manche Kinder erkannten beim Betrachten der Bücher Gepflogenheiten ihrer religiösen Familienpraxis wieder und berichteten davon („Meine Oma betet auch so").

In Absprache mit dem Erzieherinnen-Team stellte der Bruder einer türkischen Mutter in der „Kinderkonferenz" Aspekte des Islams vor, etwa Gebetshaltungen,

Willkommen in der Kita!

Koran, Kleidungs- und Essensvorschriften. Danach beantwortete er Fragen der Kinder.

Höhepunkt des Projekts war der Besuch der katholischen St. Wolfgangskirche mit kindgerechter Führung durch den Dekan sowie ein Besuch in der Yunus-Emre-Moschee, in der die Kinder vom Imam sehr gastfreundlich empfangen wurden. Die Erzieherinnen bereiteten die Besuche mit den Kindern vor – unter anderem brachten die Kinder den beiden Geistlichen eigene Zeichnungen von Kirche und Moschee als Geschenk mit.

Leider gelang es nicht, einen Besuch im vietnamesischen buddhistischen Tempel zu organisieren. Auch eine geeignete Person aus dem Umfeld der vietnamesischen Eltern, die bereit gewesen wäre, Aspekte des Buddhismus in der „Kinderkonferenz" vorzustellen, war nicht zu finden. Die zunächst dafür in Frage kommenden Mütter sprachen oft zu schlecht Deutsch oder sie trauten sich eine kindgerechte Vermittlung des Buddhismus nicht zu. Die Väter konnten sich aufgrund ihrer Arbeitsbelastung nicht einbringen.

Was sonst noch geschah …

- Wir gestalteten ein buntes Willkommens-Plakat in vielen Sprachen: Eltern und Kinder machten mit, waren neugierig und sehr engagiert. Die Eltern schrieben auf, was „Willkommen" in ihrer Muttersprache heißt. Die Kinder halfen bei der Gestaltung und beim Aufhängen des Plakats im Eingangsbereich des Kindergartens.
- „Paule Puhmanns Paddelboot": Aus einer Materialsammlung interkultureller Lieder wurde das Lied „Paule Puhmanns Paddelboot" ausgewählt. Das Lied beschreibt die fiktive Mittelmeerreise des kleinen Paul und enthält viele Begrüßungs- und Abschiedsformeln in verschiedenen Sprachen. Es wurde mit Begeisterung von den Kindern aufgenommen, die die Grußformeln in ihren Muttersprachen einübten.
- Projekt „Bücherkisten": Der IAF, der Verband binationaler Familien und Partnerschaften Tübingen, stellte dem Team freundlicherweise fünf Bücherkisten mit interkulturellen Büchern, Spielen, Liedern und anderem Material zur

Verfügung. In den Bücherkisten findet sich nur Material, das einen gleichberechtigten und wertschätzenden Umgang mit Menschen jeglicher Herkunft fördert. Das pädagogische Fachpersonal begutachtete die Materialien und traf eine für den Kindergarten geeignete Auswahl. Auf Antrag übernahm die Caritas-Stiftung Reutlingen die Kosten für die Anschaffung.

- Interkulturelle Woche der Stadt Reutlingen: In der „Interkulturellen Woche 2008" präsentierte der Kindergarten das Projekt in einer Ausstellung und kam mit vielen Besuchern ins Gespräch.
- Elternabend „Spiele und Lieder meiner Kindheit": Dieser Elternabend brachte neu hinzugekommene Eltern ins Gespräch. So konnten sie die aktuellen Themen kennen lernen und mehr voneinander erfahren. Auch Eltern mit geringen Sprachkenntnissen profitierten davon.

Fazit des Projekts

Trotz mancher Stolpersteine hat sich das Projekt gelohnt. Es ist eine Menge dabei herausgekommen. Abgeschlossen ist der Prozess der interkulturellen Öffnung jedoch nie. Es bleibt die Aufgabe, mit immer wieder neuen Ideen, Aktivitäten und immer wieder neuen Eltern und Kindern interkulturelle und interreligiöse Öffnung nachhaltig zu gestalten.

Christiane Schindler

Impulse für die Praxis

- Begrüßen Sie die Kinder im Morgenkreis in ihrer jeweiligen Landessprache, singen Sie Begrüßungslieder auch in fremden Sprachen.
- Ein themenorientierter Bereich zu verschiedenen Religionen, zu dem die Kinder freien Zugang haben, ermöglicht den Kindern eine selbstständige Auseinandersetzung.
- Bieten Sie den Eltern Möglichkeiten, über interkulturelle und interreligiöse Themen ins Gespräch zu kommen.
- Wenn Sie das interkulturelle und interreligiöse Profil der Kita stärken wollen, überlegen Sie, wer Sie kompetent unterstützen und begleiten könnte.

10 | Elternbildung: ein wichtiger Grundsatz

Kindertagesstätte der evangelischen Gemeinde Lüssum, Bremen

„Unser Herzstück ist die Elternarbeit. Wir sind nicht nur ein Ort für Kinder, sondern auch ein Ort für Eltern."
Jutta Wedemeyer, Leiterin der Einrichtung

Lüssum liegt im Norden Bremens. Klinkerbauten, Flachdächer, aber auch viel Grün prägen den Stadtteil. Zwei Drittel der Menschen leben in Armut. Der Anteil alleinerziehender Mütter ist hoch.

Der Kindergarten in Lüssum wurde 1972 gegründet. 61 Prozent der Kinder, die ihn heute besuchen, haben einen Migrationshintergrund. Kulturelle Vielfalt und Verschiedenartigkeit – einschließlich interreligiöser Spannungen – prägen den Alltag der Kinder, der Eltern und der pädagogischen Fachkräfte. Das Konzept der Lüssumer Kita verfährt nach dem Prinzip: sehen, handeln, wissen, fordern. Deutlich wird dies besonders im Bezug auf die Elternarbeit.

Die Mehrzahl der Familien in Lüssum lebt mit zwei Sprachen oft auch zwischen zwei Kulturen und Religionen. Nicht selten bleiben gerade die Mütter lange im geschlossenen Milieu der Herkunftskultur. Je enger die Kinder mit der Kita verbunden sind, desto stärker entgleiten sie diesen Müttern. Dadurch nimmt deren Isolation noch zu. Deshalb bezieht das Kita-Konzept die Eltern konsequent mit ein. Ziel dabei ist, Integration in die deutsche Gesellschaft als selbstverständlich und nicht als bedrohlich zu erleben.

Die Einrichtung schafft ein Klima, in dem sich auch Eltern willkommen fühlen, die noch nicht gut Deutsch sprechen. Die Mütter verstehen in dieser Situation immer besser, wie wichtig ihre eigene Sprachkompetenz und gesellschaftliche Offenheit für den Bildungserfolg ihrer Kinder ist.

Herzlich Willkommen! Das grüne Eingangstor ist weit geöffnet

Das besondere Profil:
- Sich füreinander Zeit nehmen: Bildungsurlaube von und mit Eltern
- Ein Platz für Eltern: die Elternnischen
- Nichts verstehen und trotzdem zuhören: ein Vorleseprojekt
- Experte werden oder Experten suchen: Fortbildung und Netzwerk

Das Markenzeichen:
- Das Konzertprojekt „Irgendwie Anders"

Sich füreinander Zeit nehmen: Bildungsurlaube von und mit Eltern

„Man muss die Eltern mit ihren Fähigkeiten anerkennen und darf sie nicht über ihre Defizite definieren", sagt Jutta Wedemeyer, Leiterin der Lüssumer Kita. Eltern sind eine Chance für jede Einrichtung. Durch ihre Lebensgeschichte und ihren kulturellen Hintergrund tragen sie einen Wissensschatz in sich, den die Lüssumer Einrichtung zu heben weiß. Das Konzept „Eine Woche Bildungsurlaub" wurde entwickelt, ähnlich einer Kinder-Uni – nur eben von und für Eltern.

Für jeden Wochentag wird ein „Pate" aus einem bestimmten Kulturkreis gesucht, der einigermaßen gut Deutsch spricht. Dieser Landespate bereitet sich mit Hilfe eines Fragenkatalogs („Welche religiösen Feste feiert ihr in eurem Land?", „Welche Religionen gibt es bei euch?" oder „Welche besonderen Aspekte gibt es bei der Kindererziehung?") auf einen eineinhalbstündigen Vortrag an einem Abend vor. Die Vortragsart kann beliebig gewählt werden: Bilder oder Video zeigen, Musik vorspielen, Geschichten erzählen. Der zweite Teil des Abends besteht aus einem gemeinsamen landestypischen Essen. Die Zutaten dafür besorgt zuvor das Kita-Team, gekocht wird gemeinsam mit allen. „Nicht nur Gespräche, auch Essen hält Leib und Seele zusammen", so die Leiterin der Einrichtung. Diese Art der Elternarbeit erfordert zwar viel Zeit, aber so können Vorurteile bewusst gemacht werden und als falsch erkannt und abgebaut werden.

Wir „bauen" uns ein Kirchenfenster

Ein Platz für Eltern: die Elternnischen

Im Flur des Lüssumer Kindergartens duftet es nach frischem Kaffee. In einer Sitzecke plaudern zwei Frauen angeregt miteinander, während sie zwischendurch in eine Keksdose greifen. Die Atmosphäre hier im Gang zwischen Regenjacken und bunt herumliegenden Kinderschuhen hat etwas Heimeliges. „Die Elternnischen sind uns eine Herzensangelegenheit", so Jutta Wedemeyer. Die Eltern dürfen nach bestimmten Regeln so lange in der Einrichtung verweilen, wie sie möchten. So dürfen sie beispielsweise nicht den Ablauf stören oder lauter sein als die Kinder. Eine wichtige Regel ist auch, dass sich die Elterngruppen durchmischen. Die Eltern müssen so aufgeschlossen sein, dass jeder die Chance hat, sich in der Gruppe willkommen zu fühlen. Die Leiterin drückt dies folgendermaßen aus: „Wir schließen keine Kinder aus, und wir schließen keine Eltern aus." Anfangs gab es in der Lüssumer Kita sogar in jedem Gruppenraum eine Sitzecke mit Kaffee und Wasser für die Eltern. 1990 öffnete sich der Kindergarten für behinderte Kinder. Aus pädagogischen Erwägungen und Platzgründen wurden die Elternnischen auf die Flure verlegt.

Diese recht einfache Form der Kommunikation spinnt ein feines Band zwischen Eltern und Einrichtung. Zum einen ermöglichen die Elternnischen den Erwachsenen, sich gegenseitig kennen zu lernen. Zum andern erleben Eltern Alltag in der Kita und verspüren häufig Lust, sich aktiv zu beteiligen.

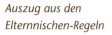

Auszug aus den Elternnischen-Regeln

Ankommen und Zusammensitzen – ein guter Start in den Morgen

Nichts verstehen und trotzdem zuhören: ein Vorleseprojekt

Wie es wohl ist, nichts zu verstehen, fremd zu sein oder sich fremd zu fühlen? Für solche Empfindungen wollte die Lüssumer Kita sensibel machen. Das Team bat Eltern aus unterschiedlichen Herkunftsländern, Texte in ihrer Muttersprache vorzulesen. Als der Vorlesetag gekommen war, schwirrten viele Sprachen und Geschichten durch die Räume. Die Situation erinnerte in manchem an den Turmbau zu Babel – nur dass das Projekt in Lüssum als Feuerwerk der Sprachen positiv ausging.

Die Kinder wählten meistens „ihre" Vorlesemutter nach Sympathie aus und nicht nach Muttersprache. So kam es, dass deutschsprachige Kinder sich auf Kurdisch vorlesen ließen und polnische Mütter italienische Kinder begeistern konnten. Es gelang, die Kinder sensibel zu machen für den Wert anderer Sprachen. Das wirkt sich auch im Alltag aus. Einige Kinder plapperten zu Hause in „Fantasiesprachen" und fragten die Oma: „Verstehst du mich denn nicht? Das ist Libanesisch."

Experte werden oder Experten suchen: Fortbildung und Netzwerk

„Wir leben in der Einrichtung, wir arbeiten hier nicht nur!" Jutta Wedemeyers Einstellung ist Programm. Auch wenn in der Ausbildungszeit der Kita-Leiterin Interkulturalität oder Interreligiosität noch kaum Thema waren, stupste sie sich selbst und ihr Team immer wieder an und motivierte zur Weiterbildung, etwa durch den Besuch eines, wie sie sagt, „zwar erfolglosen, aber dennoch spannenden Türkischkurses".

Für Jutta Wedemeyer ist es notwendig, selbst Expertin zu werden, um den Kindern mit ihren ganz unterschiedlichen Herkunftssituationen in der Einrichtung gerecht zu werden. Eine Lösung für den richtigen Umgang mit muslimischen Traditionen etwa falle einem nicht von selbst in den Schoß. Erst durch eigenes Engagement könne man „aus den vielfältigen Charakteren und Kulturen immer wieder etwas Gemeinsames Buntes schaffen", so Jutta Wedemeyer.

Doch auch die beste Fortbildung schützt nicht vor Missverständnissen und Rückschlägen. So kam es in Lüssum im Zusammenhang mit dem von Atatürk eingeführten „Kinderfest" zu innerislamischen Differenzen zwischen Türken und Kurden. Indem man „der einen Kultur etwas Gutes tun wollte, trat man unbewusst bei der anderen in ein Fettnäpfchen", erinnert sich die Kita-Leiterin. Das Lüssumer Team lernte aus diesem Konflikt: Feste lässt man nicht ausfallen, sondern informiert sich vorher besser über mögliche Fallstricke. Die Kita wandte sich des-

Nach dem Besuch der religiösen Orte wurde als Erinnerung ein großes Plakat erstellt

wegen an die Universität Bremen. Sie bekam einen Doktoranden vermittelt, der die pädagogischen Fachkräfte über die innerislamischen Unterschiede informierte. Dank dieser Hilfe konnten die Fachkräfte die Eltern und die Kinder besser verstehen.

Sarah-Lisa Witter, Anke Edelbrock

Das Konzertprojekt „Irgendwie Anders"

„Das Konzert der Kindergartenkinder aus Lüssum klingt, wie es heißt: irgendwie anders", so würdigte die örtliche Zeitung das Musikprojekt der evangelischen Kindertagestätte (Weserkurier, 14.4.2011). Auch das Publikum soll irgendwie anders gewesen sein: Kinder und Eltern aus den verschiedenen Kontinenten saßen Seite an Seite und lauschten gemeinsam der Musik, die ihnen auf der Bühne geboten wurde. Das „allererste Kindergarten-Konzert", wie es Leiterin Jutta Wedemeyer angekündigt hatte, war der Höhepunkt eines Kita-Projektes, das Vorurteile abbauen wollte. Die Kinder sollten lernen, dass jedes von ihnen wertvoll ist, ungeachtet der Nationalität oder der Religion.

Verknüpft war das Konzertprojekt mit dem Besuch einer Moschee und zweier Kirchen. Schließlich sind religiöse Orte Treffpunkte, an denen auch Musik und Religion hörbar gemacht werden – in der Moschee mit Gebetsrufen, in den Kirchen mit Orgel und Gesang. Parallel dazu beteiligten sich die Gruppen an einem Kinder-Kirche-Kunst-Projekt. Sie bemalten und beklebten Fenster wunderschön, so dass sie danach wie Kirchenfenster aussahen; bei Exkursionen bestaunten sie Deckenmalereien, Altarbilder und Statuen.

Seit Jahresbeginn arbeitete der Kindergarten an seinem Konzertprojekt. Namensgeber dafür war das Kinderbuch „Irgendwie Anders" von Kathryn Cave und Chris Riddel. Es erzählt die Geschichte eines kleinen Wesens namens „Irgendwie Anders", das ausgegrenzt wird, weil es nun mal anders ist. Eines Tages begegnet ihm „Das Etwas", das auch irgendwie anders ist. Die beiden werden Freunde. Sie malen, spielen, essen und lachen zusammen. Am Ende des Buches sagt Irgendwie Anders zu seinem neuen Freund: „Du bist nicht wie ich, aber das ist mir egal."

Um diese Erkenntnis ging es auch beim Lüssumer Kita-Projekt. Zu Beginn stellten sich die Kinder einander mit einem Steckbrief vor: Wie heiße ich? Wie groß bin ich? Was will ich werden? Auch wurden Baby- und Familienfotos herumgereicht. Die Kinder berichteten von ihren Lieblingsessen und von Ritualen zu Hause. Die Steckbriefe wurden kopiert und schließlich auf einem Persönlichkeitsplakat für alle sichtbar aufgehängt.

Beim Konzert boten kleine und große Musiker mit verschiedenen Instrumenten ganz unterschiedliche Musikstücke dar – natürlich aus verschiedenen Ländern. So konnten auch die Eltern zeigen, was in ihnen steckt. Denn fürs Tanzen, Singen und Spielen braucht es nur die gemeinsame Sprache der Musik und Begeisterung.

Das Fazit des Teams zum „Irgendwie Anders"-Projekt ermutigt zur Nachahmung: „Wir haben die vielfältigen Unterschiede in unserer Einrichtung mal wieder als große Bereicherung erlebt, zusammen viel Neues erfahren und von einander gelernt."

Unverkennbar einzigartig: Die Steckbriefe

Jutta Wedemeyer

Best-Practice-Beispiele zur interreligiösen und interkulturellen Bildung

Musik liegt in der Luft – Gemeinsames Musizieren macht Freu(n)de

Impulse für die Praxis

- Eltern zum interkulturellen und interreligiösen Dialog ermuntern, z. B. durch Gespräche und gemeinsames Kochen Begegnungsebenen schaffen.
- Haben Eltern in Ihrer Einrichtung einen Ort (eventuell mit Kaffee- bzw. Teeangebot), an dem sie sich untereinander austauschen können?
- Ermuntern Sie Eltern, Kinderbücher mitzubringen und in ihrer Landessprache vorzulesen. Sie können natürlich auch direkt mit einem zweisprachigen Buch auf die Eltern zugehen.
- Kontakt mit „Religionsexperten" in Ihrer Umgebung suchen: Pfarrer, Imame, Professoren, Studenten etc.

Ein Gott – ein Schöpfer – ein Kindergarten | 11

Katholischer Kindergarten St. Margareta, Brühl

„Interreligiöse Erziehung ist nicht nur Glaubens-, sondern auch Friedens-erziehung – beides kann man nicht voneinander trennen."
Hildegard Mohlberg, Leiterin der Einrichtung

An diesem Vormittag hat sich nicht nur die Leiterin des katholischen Kindergartens St. Margareta, Hildegard Mohlberg, Zeit für uns genommen, sondern auch Edith Schlesinger, Mitarbeiterin des Erzbischöflichen Generalvikariats in Köln. Beide geben uns einen Einblick in die interreligiöse Arbeit der Kita. Zunächst jedoch lassen wir – von neugierigen Kinderaugen begleitet – die offene und freundliche Atmosphäre dieses Kinderhauses während des Rundgangs durch die Gruppenräume auf uns wirken.

Seit 2008 ist der Sozialdienst katholischer Frauen Träger des 1972 gegründeten Kindergartens St. Margareta, zuvor war es die katholische Kirchengemeinde. Der Kindergarten hat vier Gruppen. 42 der 75 Kinder, die täglich die Einrichtung besuchen, kommen aus christlichen Familien, zwölf sind griechisch-orthodox, zwölf muslimisch und sieben Kinder ohne religiöses Bekenntnis.

Das besondere Profil:
- Weitergeben, womit man sich identifiziert: Selbstvergewisserung als Grundstein
- Interreligiöse Bildung im Allgemeinen und im Besonderen

Das Markenzeichen:
- Interreligiöses Projekt Schöpfungsgeschichte – ein Familiensonntag der besonderen Art

---

Weitergeben, womit man sich identifiziert: Selbstvergewisserung als Grundstein

In den 15 Jahren, in denen die Sozialpädagogin Hildegard Mohlberg den Kindergarten leitet, wurden ihr und dem pädagogischen Team das bewusste und auf Ver-

Best-Practice-Beispiele zur interreligiösen und interkulturellen Bildung

Ein Kreuz – jede Religion hat ihr Zeichen

ständigung ausgerichtete Zugehen auf die unterschiedlichen Religionen, denen die Kinder angehören, immer wichtiger.

Dem Wunsch, dem Islam als Religion vieler Familien in einer katholischen Einrichtung gerecht zu werden, folgte schnell die Erkenntnis, dass dafür qualifizierte Vorbereitung nötig ist. „Wir mussten uns selbst erst einmal bilden", erinnert sich Hildegard Mohlberg. Das Team wandte sich deshalb mit Erfolg an die für den christlich-islamischen Dialog zuständige Fachfrau im Generalvikariat Köln. Zwei Jahre lang kam Edith Schlesinger jeden zweiten Monat zu Teamsitzungen, in denen Fragen zu Christentum und Islam, aber auch zu interreligiöser Erziehung und Bildung besprochen wurden. Eine Fortbildung zu diesem Thema führte das Kita-Team nach Köln, wo es sich unter anderem ein interkulturelles Frauenbildungshaus und eine Moschee anschauen konnte – für viele Mitarbeiterinnen eine Premiere. Die Begegnung mit den sympathischen und offenen Frauen im Bildungshaus und der Moscheebesuch ermutigten das Team, sich auf die interreligiöse Arbeit einzulassen.

Viele Gesichter – ein Kindergarten

„Bevor man diese Arbeit leistet", sagt Hildegard Mohlberg, „muss man erst mal die eigene Haltung und das Wissen stabilisieren". So wurde gefragt, was dem einzelnen grundlegend wichtig ist und was auf keinen Fall passieren sollte.

Am Ende der zweijährigen Fortbildung evaluierte sich das Kita-Team selbst: Anhand einer Skala schätzten sich die Erzieherinnen ein: „Wo standen wir vor zwei Jahren und wo stehen wir jetzt beim Thema interreligiöse Bildungsarbeit?" Sie stellten fest: „Wir sind jetzt bereit und motiviert, interreligiös zu arbeiten!"

Interreligiöse Bildung im Allgemeinen und im Besonderen

Im Kindergarten St. Margareta bleibt interreligiöse Bildung nicht auf Einzelprojekte beschränkt – Begegnungen der Religionen finden im Alltag statt. Ein Beispiel ist der Mittagstisch, an dem die Kinder gemeinsam essen. Beim Gebet vor

Ein Gott – ein Schöpfer – ein Kindergarten 117

dem Essen ist den Kindern freigestellt, die Hände zu falten, sie zu öffnen oder sie einfach in den Schoß zu legen – ganz wie sie es von zu Hause kennen. Das Gebet ist so gewählt, dass andere sich nicht daran stoßen können oder provoziert werden. Das Gemeinsame soll verbinden. Dass auch die religiösen Speisevorschriften etwa der muslimischen Familien bei den Mahlzeiten und Festen im Kindergarten beachtet werden, ist hier selbstverständlich.

Weil alle Kinder täglich miteinander spielen und einen ganz normalen Umgang miteinander lernen, werden auch die Eltern offener. Nicht selten ist zu hören: „Echt? So ist das bei euch? Das hätte ich nicht gedacht, bisher hatte ich das immer ganz anders verstanden."

Doch gelingende Elternarbeit braucht von Zeit zu Zeit auch besondere Gelegenheiten der Begegnung. Von einer dieser Begegnungen berichtet nun Hildegard Mohlberg.

Andreas Stehle

Interreligiöses Projekt Schöpfungsgeschichte – ein Familiensonntag der besonderen Art

Das Vertiefen der Schöpfungsgeschichte als erstes bewusst initiiertes interreligiöses Projekt mit Kindern wählten wir, weil wir mit einem Thema beginnen wollten, das die Religionen verbindet. Christen und Muslime glauben an Gott, den einen Schöpfer, der die Welt den Menschen anvertraut hat. Ein weiterer Grund war, dass sich dies gut mit Kindern im Alter von viereinhalb bis fünfeinhalb Jahren erarbeiten lässt. Kinder wollen nicht nur theoretisch an einer Sache arbeiten, sondern die Dinge ganzheitlich erfahren – also zuhören, basteln, selbst etwas einbringen und sich bewegen.

Das Thema war zudem geeignet, um Eltern für eine fortführende gemeinsame Aktion gewinnen zu können. Weil wir wussten, dass Eltern ungern zu einer Abendveranstaltung über interreligiöse Erziehung kommen würden, erforschten wir mithilfe eines Fragebogens das Interesse der Eltern am Thema. Sie signa-

Gottes wundervolle Schöpfung

lisierten große Zustimmung. Es zeigte sich, dass an einem Sonntagnachmittag viele Familien dabei sein konnten.

Das wichtigste Ziel unserer Arbeit war, bewusst zu machen, dass alle anwesenden Kinder an den einen „Schöpfergott" glauben und zu ihm beten, dies aber in unterschiedlichen Formen, die einen in der Gemeinschaft ihrer Kirche und die anderen in ihrer Moschee. Kirche und Moschee sollten sie begehen, erfahren, kennen lernen und den einzelnen Kindern zuordnen können.

Ziel der Arbeit mit den Erwachsenen war unter anderem ein Forum zur Begegnung, das Hemmungen abbaut und die Erfahrung von verbindenden religiösen Gemeinsamkeiten ermöglicht. Dies alles sollte in einem Rahmen geschehen, der Freude an der Gemeinschaft fördert.

Ein Gott – ein Schöpfer – ein Kindergarten

Bis zum Abschlusstag, dem sonntäglichen Rundgang der Familien in der katholischen und in der orthodoxen Kirche sowie in der Moschee, standen uns acht Wochentage zur Verfügung. Drei Erzieherinnen, unsere Praktikantin muslimischen Glaubens und ich als Kita-Leiterin begannen jeden Tag mit den 32 Kindern mit einer Begrüßungsrunde.

Die ersten drei Tage

Am ersten Tag stellte sich jedes Kind mit seinem Namen vor, in den folgenden Tagen begrüßten sich die Kinder schon gegenseitig: „Hallo Felix, schön dass du da bist!" Oder: „Hallo Mustafa, ich freue mich, dass du neben mir sitzt!"

Die Kinder sagten dann nacheinander, was sie auf der Erde am tollsten finden. Das reichte vom Klettern auf Bäumen bis die Sonne genießen oder Eis essen. Wir ließen die Antworten der Kinder so stehen und gingen in den nahen Schlosspark. Dort bildeten wir Untergruppen mit sieben bis acht Kindern. Nach einiger Zeit sollten die Kinder die Augen schließen und lauschen, was sich um sie herum tat. Sie erzählten sich dann ihre Erfahrungen gegenseitig.

Am nächsten Tag forderten wir nach der Begrüßungsrunde und einer kurzen Entspannungseinheit die Kinder auf zu überlegen, wie wohl der Park, die Bäume und die Sonne entstanden sein könnten. Bei vielen Kindern merkten wir, dass sie das erste Mal mit dieser Frage konfrontiert wurden und selbst noch nie darüber nachgedacht hatten. Andere konnten erklären, dass da erst mal eine Nuss ist, aus der ein Nussbaum wächst und dass die Tierbabys Tiereltern haben. Wieder andere Kinder hatten schnell die Antwort „Gott hat das alles gemacht" parat.

Wir sagten, dass wohl jede Antwort richtig sei und uns die Religion beispielsweise erzählt, dass Gott die Welt wunderbar für uns erschaffen hat. Zum Schluss lasen wir ein Bilderbuch „Wie Gott die Welt erschaffen hat" vor.

Am nächsten Tag stellten wir einen großen Tisch in den Flur. Er stand direkt gegenüber dem Eingang. So konnten auch die Eltern beim Ankommen miterleben, was sich tut. Wir deckten mit den Kindern den Tisch dunkel ab und überlegten, wie die Entwicklung der Welt vonstatten gegangen sein könnte. Eine Erzieherin schnitt einen Kreis mit einem Durchmesser von 1,40 Meter aus und teilte ihn in sieben Teile.

Die Schöpfungsgeschichte

Bei den nächsten Treffen der „Projektrunde" gingen wir die Schöpfungsgeschichte Tag für Tag durch. Parallel dazu sangen wir zum Thema passende Lieder. An allen Tagen konnten die Kinder entscheiden, ob sie an der „Erschaffung der Erde"

Kinder erklären die Welt

auf dem Tisch im Flur mitarbeiten oder „Kuchenstücke" des Erdballs gestalten wollten.

Als wir zum Tag der Erschaffung des Menschen kamen, änderten wir die Begrüßungsrunde und ließen einen Handspiegel kreisen. Parallel dazu kreiste die Klangschale. Ein Kind erzeugte einen Ton und das Nachbarkind durfte sich im Spiegel anschauen und zu seinem Spiegelbild sagen: „Hallo Evelina, es ist schön, dass du auf der Welt bist." Die Kinder waren zunächst unsicher, doch alle begrüßten sich selbst, strahlten sich im Spiegel sichtlich stolz an. Danach war es nicht mehr schwer, ihnen zu erzählen, dass Gott jeden einzelnen von ihnen gewollt und ihn gern hat, wie er ist. Und so wünsche sich Gott, dass auch wir uns gegenseitig so annehmen und gern haben.

Der „Siebte Tag"

Am „Siebten Tag" gingen wir mit den Kindern wieder in den Park und bewunderten auf dem Weg dahin die Blumen in den Vorgärten und im Park die hohen, Schatten spendenden Bäume. Nach einigen Liedern wussten alle Kinder, was Gott am siebten Tag tat.

Gemeinsam sprachen wir darüber, was die Kinder sonntags machen. Dabei bot sich die Möglichkeit zu schauen, welche Kinder in welche Kirche oder in welche Moschee gehen und welche vielleicht weder das eine noch das andere tun. Nicht alle Kinder wussten, zu welcher Religion sie gehören. Wir teilten sie entsprechend ihrer Religion in Gruppen ein und kündigten ihnen dann an, dass wir am Sonntag mit allen, die Zeit haben, die Kirchen und die Moschee besuchen möchten. So konnten die Kinder trotz aller Unterschiede spüren: Die Schöpfung kommt von unserem einen Gott und ist ein Geschenk an uns alle, für das wir gut sorgen müssen.

Mit dem Ausblick, sonntags sowohl die Kirchen wie auch die Moschee zusammen mit den Familien zu besuchen, fühlten sich die Kinder alle gleich geachtet und wertgeschätzt.

Der Einladung zum Familiensonntag mit Besuch der katholischen Kirche St. Maria zu den Engeln, der Moschee (eine „Hinterhof-Moschee") und der griechisch-orthodoxen Kirche Hl. Johannes der Täufer folgten 19 Familien. Von ihnen gehörten 14 der katholischen und eine der griechisch-orthodoxen Kirche an, vier der muslimischen Religion.

In allen drei Gebäuden erklärten wir etwa zehn Minuten lang die Besonderheiten der einzelnen Gebetshäuser: Altar, Ewiges Licht, Muezzin, Ikonendarstellungen, Priestersitz und so weiter. Danach stellten die Kinder die Schöpfung dar: Für jeden Schöpfungstag gab es Erklärungen, Gebete und Lieder. In jeder Kirche beziehungsweise in der Moschee erweiterte sich der Schöpfungsprozess um zwei Tage, bis im letzten Gotteshaus die Schöpfung vollendet war. Die im jeweiligen Gotteshaus beheimateten Eltern sprachen Texte zum Thema, die anderen lauschten als willkommene Gäste. Zum Abschluss breiteten alle Eltern ihr Picknick im Gemeinschaftsraum der griechisch-orthodoxen Kirche aus und der Familiensonntag endete in geselliger Runde.

Resonanz

Viele Eltern bedankten sich beim Projektteam für den interessanten und schönen Nachmittag. Besonders gut gefallen hatte ihnen, dass jede Familie mit dem Vortragen eines Textes direkt ins Geschehen eingebunden war. Überrascht zeigten sich einige von der Gastfreundlichkeit der Moscheegemeinde und der griechisch-orthodoxen Gemeindemitglieder. Ein Vorstandsmitglied der Moscheegemeinde zeigte Interesse daran, weiter mit uns in Kontakt zu bleiben und lud uns für das nächste Jahr zu einem weiteren Besuch ein. Es sei richtig, bereits mit Kindern den interreligiösen Dialog zu suchen. Das hatten wir bis dahin so klar noch von keinem Muslim gehört. Auch der Erzpriester der griechisch-orthodoxen Gemeinde war von der Anzahl der teilnehmenden Familien positiv überrascht. Er freue sich auf unseren nächsten Besuch, sagte er zum Abschied.

Hildegard Mohlberg

Impulse für die Praxis

- Um gute interreligiöse Bildung in der Kita leisten zu können, ist es ideal, wenn sich das ganze Team auf diesen Arbeitsbereich einlässt. In St. Margareta fand eine zweijährige Teambegleitung statt. Finden Sie heraus, welche Unterstützungsformen es in Ihrem Umfeld gibt.
- Befürchtungen und Fragen, die im Team bestehen, offen austauschen. Wie wäre es zum Einstieg ins Thema mit einem interreligiösen Fachtag, an dem z. B. eine Moschee besucht wird?
- Offenheit im Team ist eine wichtige Voraussetzung: Dazu gehört auch, die je eigene Religiosität zu reflektieren und sich darüber auszutauschen.
- Bei interreligiösen Projekten die Eltern mit einbeziehen. Gut ist es, von vornherein auch die Terminfrage anzusprechen.

12 | Orte des Glaubens besuchen

Kindertagesstätte der evangelischen Schlosskirchengemeinde, Offenbach am Main

"Wir wollen nicht die Unterschiede unsichtbar machen oder ausblenden. Es geht vielmehr darum, sie sichtbar zu machen und zu lernen, mit ihnen umzugehen."
Patrizia Pascalis, evangelische Pfarrerin, Offenbach

Der evangelische Schlosskirchenkindergarten liegt in der östlichen Offenbacher Innenstadt. Hier toben, rangeln und feiern 46 Kinder aus 17 verschiedenen Nationen miteinander. Offenbachs Bevölkerung hat mit den höchsten Anteil an Migranten in ganz Deutschland.

Zudem wechselt im Kita-Stadtteil etwa alle vier Jahre wegen arbeitsbedingter Weg- und Zuzüge fast die komplette Bevölkerung. Dies macht es für die Kita und die Kirchengemeinde schwierig, eine konstante Elternarbeit und vor allem Vertrauen aufzubauen. Doch die Pfarrerin der Schlosskirchengemeinde, Patrizia Pascalis, die selbst aus einer binationalen Familie kommt, treibt die interkulturelle und interreligiöse Arbeit des Kindergartens voran. Ihr Vater ist Sarde und katholisch, die Mutter stammt aus dem Odenwald und ist evangelisch. Eine solche Verbindung sei vor 40 Jahren keineswegs selbstverständlich gewesen, sagt Patrizia Pascalis. „Ich sehe, wie vieles heute einfacher geworden ist in der Ökumene." Und sie hofft, dass es in 40 Jahren auch zwischen Kirche und Islam nicht mehr so schwierig sein wird. Die Erfahrung mit ihren Eltern macht ihr Mut für die Zukunft.

Farbtopf in betongrauer Umgebung: Kindertagesstätte der evangelischen Schlosskirchengemeinde Offenbach

Orte des Glaubens besuchen | 123

Das besondere Profil:
- Eine Stunde intensiv Zeit für eine Verabredung mit Gott
- Muslimische Erzieherinnen als Glücksgriff verstehen – das Konzept der evangelischen Kirche in Hessen und Nassau
- Pfarrerin und Imam in einem Boot – gemeinsam Gottesdienst feiern
- Kein Einheitsbrei – auch im Gemeinsamen Raum für Fremdes lassen
- Offen sein für Skeptiker – Transparenz und Vertrauen zahlen sich aus

Das Markenzeichen:
- „Erzähl mir was von Gott" – ein Buchprojekt

Eine Stunde intensiv Zeit für eine Verabredung mit Gott

Bereits in der Konzeption der Einrichtung ist die Idee des interkulturellen und interreligiösen Lernens verankert. Die stellvertretende Leiterin, Beate Burkart, hat sich durch religionspädagogische Fortbildungen besonders für diese Aufgabe qualifiziert. Einmal in der Woche besucht sie mit den älteren Kindern (ab 5 Jahren) religiöse Orte, bespricht mit ihnen biblische Geschichten oder gestaltet mit ihnen Basteleien zu glaubensbezogenen Themen. Eine Stunde lang nimmt man sich dann besonders Zeit für religiöses Fragen und Staunen.

Beate Burkart empfindet in diesem Jahr die religionspädagogische Wochenstunde als besonders wertvoll, weil sie von Hatice, einer muslimischen Praktikantin, begleitet wird. „Ich kann nicht alles wissen", sagt die stellvertretende Leiterin. Hatice, die auch die Tochter des örtlichen Imams ist, kann viele ihrer Wissenslücken füllen.

Besuche von Gotteshäusern sind fester Bestandteil des Offenbacher Kindergartenkonzepts

Muslimische Erzieherinnen als Glücksgriff verstehen – das Konzept der evangelischen Kirche in Hessen und Nassau

Eine muslimische Mitarbeiterin in einer konfessionell geführten Kindertagesstätte ist keineswegs selbstverständlich. Misstrauen auf beiden Seiten vermutet Pfarrerin Patrizia Pascalis als Ursache dafür. So hätten Muslime gegenüber dem

Träger etwa Vorbehalte, sie könnten christlich missioniert werden. Und der konfessionelle Träger fürchte um sein evangelisches Profil.

Die evangelische Landeskirche in Hessen und Nassau hat einen Ausweg aus dieser Zwickmühle gefunden: Muslimische Mitarbeiter dürfen eingestellt werden, wenn das Kindergartenkonzept interreligiös ausgelegt ist. „Es ist ja logisch, dass man dann Personal braucht, das sich mit der anderen Religion auskennt", so die stellvertretende Leiterin des Kindergartens. Sie fordert Mut ein. Es gehe nicht darum, seinen Glauben loszulassen, sondern ein bisschen freier zu sein.

Das enge Verhältnis zwischen Pfarramt und Moschee macht es in Offenbach leicht, eine muslimische Kindergartenhilfe zu finden. „Das gegenseitige Vertrauen hat es einfacher gemacht, diesen Weg zu gehen", sagt die Pfarrerin. Die Imamstochter Hatice sei ein echter Glücksgriff, bekennt Burkart. „Viele kennen sie und lernen über sie uns kennen."

Pfarrerin und Imam in einem Boot – gemeinsam Gottesdienst feiern

Besonders für die christlich-muslimischen Familien im Kindergarten ist wichtig, dass sowohl die Pfarrerin als auch der Imam für sie da sind, konstatiert Patrizia Pascalis. In Offenbach geht dies so weit, dass Imam und Pfarrerin gemeinsam mit Kita und Schulklassen Gottesdienst feiern. Das habe viel mit Beziehungs- und Vertrauensarbeit zu tun, weiß die Pfarrerin. Den Gottesdienst eröffnet die Offenbacher Pfarrerin mit der Anrufung des dreieinigen Gottes: „Im Namen des Vaters und des Sohnes und des Heiligen Geistes". Der Imam schließt daran mit der ersten Sure an, der Eröffnungssure aus dem Koran, in der ebenfalls Gott gepriesen wird: „Im Namen des barmherzigen und gnädigen Gottes. Lob sei Gott, dem Herrn der Welten!" Beendet wird der Gottesdienst schließlich mit dem alttestamentlichen Segen, den die Pfarrerin spricht: „Der Herr segne dich und behüte dich ..." Der Imam entlässt die Gemeinde mit den Worten, mit denen er sonst seine Freitagspredigt beendet.

Diese gemeinsam gefundene Gottesdienstform wird von den Erwachsenen dankbar angenommen. Sie erkennen ihre Tradition wieder und fühlen sich deshalb zu Hause. Die Kinder wiederum sehen und hören, welche Worte der Imam und welche die Pfarrerin spricht. Und auch die pädagogischen Fachkräfte haben durch die ständige Auseinandersetzung interreligiöse Kompetenz erworben.

In der Offenbacher Kita findet keine „Gleichschalterei" statt. Unterschiede werden nicht unsichtbar gemacht, sondern sichtbar. Dazu gehört es, gegenseitig Traditionen zu achten und sich nicht mit einem Minimalkonsens zu begnügen. Nur so könne Glaube gestärkt werden.

Kein Einheitsbrei – auch im Gemeinsamen, Raum für Fremdes lassen

In der Offenbacher Kita will man zwar Parallelen zwischen den Religionen entdecken, allerdings ohne den je eigenen Traditionen ihren Gehalt zu nehmen. Manchmal bietet es sich je nach Festkalender der Muslime an, Ostern zusammen mit dem türkischen Neujahrsfest Nevruz zu feiern. Zu diesem Fest werden die Gräber der Verstorbenen besucht. Sowohl Ostern als auch Nevruz haben also mit Auferstehungshoffnung zu tun. „Das passt eigentlich ganz gut als Sinneinheit zusammen", so Pascalis. Jedoch werde stets gezeigt, dass das eine Fest zu den Christen gehört, das andere zu den Muslimen. „Es ist ein gleichzeitiges Nebeneinander-Feiern."

Einzelstücke bilden zusammen ein Kunstwerk – die Becher der Kita-Kinder

Offen sein für Skeptiker – Transparenz und Vertrauen zahlen sich aus

Im Schlosskirchenkindergarten gibt es ein Café, das von Müttern betrieben wird und das interreligiös ausgerichtet ist. Es heißt Café Miriam – dieser Name ist allen drei monotheistischen Religionen bekannt. Im Café lernen sich die Eltern gegenseitig besser kennen. In der Offenbacher Kita soll alles so transparent wie möglich sein. Dazu gehört auch, dass Eltern beispielsweise durch Aushänge erfahren, wann ein Kirchen- oder Moscheebesuch auf dem Programm steht. Dann steht es den Eltern frei, an diesem Tag ihre Kinder zu Hause zu lassen.

Die Offenbacher Einrichtung nimmt auch Kinder auf, deren Eltern einem interreligiösen Austausch skeptisch gegenüber stehen. Das sei kein Hindernis, so Beate Burkart. „Nach und nach sehen die Eltern, dass wir ihre Kinder nicht bekehren und missionieren wollen." Das Kita-Team wolle zeigen, wie man zusammenleben kann. Durch diese Arbeit entstehe Vertrauen zu den Eltern.

Die Eltern zu überzeugen ist eine Hauptaufgabe der evangelischen Einrichtung. „Ich weiß noch", erinnert sich Pfarrerin Pascalis, „wie einer bosnischen und einer marokkanischen Muslimin eines Tages ein Licht aufgegangen ist." Beide dachten, ihre jeweilige Tradition sei der wahre Islam. Dann aber wurden sie mit einer Muslimin aus einem weiteren Land konfrontiert, die zum gleichen islamischen Fest ganz andere Traditionen pflegte als die Bosnierin und die Marokkanerin. „Das war eine unglaubliche Erkenntnis, dass man im Islam so unterschiedlich sein kann." Und dann berichtet sie noch von einer deutschen Mutter, die auch Süßigkeiten zum Zuckerfest backen wollte und sich beklagte, weil man sie nicht gefragt hatte.

Gemeinsam erkunden die Kinder christliche Traditionen

In der evangelischen Kindertagesstätte in Offenbach herrscht eine Atmosphäre, in der Kinder und Eltern sensibel werden für das Anderssein ihrer Mitmenschen. Besonders zeigt sich dies im Buchprojekt: „Erzähl mir was von Gott", das die Kita mitträgt und das als ihr Markenzeichen hier vorgestellt wird.

Sarah-Lisa Witter, Anke Edelbrock

„Erzähl mir was von Gott" – Ein Buchprojekt

„Warum ist der Teppich in der Yavuz-Selim-Moschee gestreift und der in der Schlosskirche nicht?" – „Na, weil der Teppich in der Moschee die Richtung zum Beten zeigt." Mit Vorschulkindern haben wir uns auf den Weg gemacht, religiöse Räume zu entdecken. Dabei ist eine wahre Schatzkarte entstanden, die, als Bilderbuch „Erzähl mir was von Gott" veröffentlicht, jetzt auch anderen den Weg zu den Orten in Offenbach zeigt, an denen Geschichten von Gott erzählt werden.

Wir sind eine evangelische Kindertagesstätte in der östlichen Innenstadt von Offenbach. In unserer Kita leben Kinder und ihre Familien aus fünf verschiedenen Religionen und unterschiedlichen Kulturkreisen zusammen.

Mit unserer Projektidee „Orte des Glaubens finden und einen Wegweiser durch Offenbach entwickeln" haben wir, die evangelische Kirchengemeinde, die am Ort ansässigen Moscheen, die griechisch-orthodoxe und die jüdische Gemeinde sowie katholische Kirchengemeinden besucht. Wir haben uns mit dem Projekt beim Wettbewerb „Weißt du wer ich bin?" beworben und sind vom Bundesinnenministerium gefördert worden.

Hintergrund der Idee ist, dass die drei monotheistischen Religionen die Menschen zu einem friedlichen Zusammenleben beauftragen und befähigen. Unser Ziel ist, dass die Kinder in den jeweiligen Gotteshäusern unterschiedliche Geschichten kennen lernen, eigene und fremde Erzählungen. Sie sollen einen Eindruck davon bekommen, was den Menschen wichtig ist an ihrem Glauben. Bei unseren Vortreffen hatten wir uns darauf geeinigt, dass wir das Projekt mit Vorschulkindern machen wollten. Die Eltern konnten per Unterschrift erlauben, dass sich ihre Kinder beteiligen dürfen.

Fragen, die wir uns gestellt haben

- Welche Termine wählen wir für die Besuche der Gotteshäuser?
- Welche Geschichten hören die Kinder?
- Was bringen wir bei den Besuchen mit?
- Wie dokumentieren wir die Besuche?
- Wie gestalten wir das Buch für die Kinder?

Umsetzung in der Praxis

- Wir besprachen den Besuch der Gotteshäuser mit den Kindern.
- Wir bereiteten ein Geschenk für den Besuch vor.
- Wir machten uns auf den Weg und schauten uns die Häuser auf dem Weg an und sammelten, was uns auffiel, in einem Beutel, beispielsweise Bonbonpapiere.
- Nach unserer Ankunft bekamen wir das Gotteshaus gezeigt, und die Kinder konnten Fragen stellen. Wir hörten eine Geschichte von Gott und saßen zusammen.
- Nach den Besuchen vertieften wir das Gesehene und Gehörte mit den Kindern in der Kita und malten ein Bild von dem, was ihnen am besten gefallen hat.
- Wir dokumentierten mit Fotos und Text, was die Kinder Neues gelernt hatten. Diese Dokumentation konnten in der Kita alle sehen.

Die Eltern, deren Kinder an diesem Projekt beteiligt waren, lernten vieles dazu und wurden mit den Eigenheiten der anderen Religionen vertrauter. Einige sagten, dass sie durch dieses Projekt mehr in die Stadt Offenbach hineingewachsen seien. Beim Auswertungstreffen meinte eine christliche Erzieherin: „Beim Mainuferfest habe ich mich dieses Jahr zum ersten Mal nicht an den Kopftüchern gestört, sondern geguckt, ob ich Frau Ergün aus der Mevlana-Moschee darunter entdecke."

Titel des Bilderbuches
„Erzähl mir was von Gott"

Die Buchgestaltung entstand schließlich mit Hilfe einer Illustratorin. Sie fügte die gemalten Bilder der Kinder und die Fundstücke vom Weg zu den Gotteshäusern, wie etwa die Bonbonpapiere, zu einem interreligiösen Kinderbuch zusammen. Die Druckkosten konnten dank der Unterstützung durch das Projekt „Weißt du wer ich bin?" gedeckt werden.

Das Projekt dauerte etwa sieben Wochen. Auch in Zukunft werden das Buch und die Besuche der verschiedenen Gotteshäuser fester Bestandteil der religionspädagogischen Arbeit mit Vorschulkindern in der Kita sein. Das Buch wurde in der Presse vorgestellt; Kitas und Grundschulen kauften rund 500 Exemplare.

Orte des Glaubens besuchen | 129

Seiten aus dem Bilderbuch „Erzähl mir was von Gott"

Die Erfahrung mit der Arbeit für dieses Buch hat uns ermutigt, weitere Projekte miteinander anzugehen, vor allem die Eltern noch mehr mit einzubeziehen und sie an dieser Entdeckungsreise zu beteiligen.

Beate Burkart, Gaby Schima, Patrizia Pascalis

Impulse für die Praxis

- Religionspädagogische Fortbildungen besuchen bzw. Experten für den interreligiösen Dialog in die Kita einladen.
- Kontakte mit den Kirchengemeinden in der Umgebung knüpfen und vertiefen.
- Finden Sie Ansprechpartner für Moscheen und Synagogen und bauen Sie Kontakte auf.
- Das interkulturelle und interreligiöse Profil Ihrer Einrichtung schärfen.
- Diskutieren Sie, ob die Möglichkeit besteht, andersgläubige pädagogische Fachkräfte mit Interesse am interreligiösen Dialog einzustellen.

13 Mond und Sterne

Martin-Luther-King Kindertagesheim, Hamburg

"Ja, wir können Input geben. Nach Festen haben die Eltern ein anderes Strahlen im Gesicht, wenn sie kommen. Ich merke plötzlich, wie da Kontakt entsteht, wo sonst Zurückhaltung war. Es ist, als ob wir über eine Schwelle gegangen sind."
Wiltrud Wolter, Leiterin der Einrichtung

Die Kita in Steilshoop, einem Stadtteil von Hamburg, wurde gleich nach der Fertigstellung der ersten Wohnringe 1971 als Teil des Sozialzentrums des Kirchengemeinde-Verbandes Bramfeld eröffnet. Direkt an sie angeschlossen sind Wäscherei und Textilnäherei, in denen Erwerbslose geschützte Arbeitsplätze haben. Auch eine Wohngruppe für Menschen mit Behinderungen der Evangelischen Stiftung Alsterdorf gehört zum Zentrum. Der blau-rote Baukomplex liegt an der Mittelach-

Das Martin-Luther-King Kindertagesheim: So bunt wie der Stadtteil

se der Großbausiedlung. Es handelt sich um einen multikulturellen Stadtteil mit rund 70 Prozent Sozialwohnungen.

Das Team der Kita besteht aus vier pädagogisch geschulten Mitarbeiterinnen. In der Einrichtung werden 45 Kinder im Alter von 0 bis 11 Jahren betreut, davon 32 mit Migrationshintergrund. Es gibt eine Nestgruppe (0 bis 2 Jahre), eine Elementargruppe (3 bis 6 Jahre) und eine Hortgruppe (6 bis 11 Jahre). Betreut werden Kinder aus 10 Nationen und mit 6 Religionszugehörigkeiten.

Das besondere Profil:
- Neugier auf die Andersartigkeit: Was gibt es eigentlich alles bei euch?
- Internationales Essen – ein Abend, an dem alle an einen Tisch kommen
- Mit Gott groß werden
- Sterne, Mond, Engel und Segen – interreligiöse Interaktion

Das Markenzeichen:
- Die Materialsammlung „Kulturgarten"

Neugier auf die Andersartigkeit: Was gibt es eigentlich alles bei euch?

Von Neugier auf den anderen ist die interkulturelle Arbeit in der Kita geprägt. Zu lernen, sich gegenseitig wahrzunehmen, verschiedene Kulturen zu würdigen und die Integration der unterschiedlichen Lebenswelten stehen im Mittelpunkt. Der Muttersprache der Kinder kommt besondere Aufmerksamkeit zu. „Sprache ist eine ganz wichtige Komponente, und die möchten wir hier auch hören", so die Leiterin Wiltrud Wolter. „Wir sind ganz neugierig darauf, wir fordern und fördern die Kinder." Viel lernen auch die Erzieherinnen, denn die Kinder übersetzen immer ins Deutsche. Das Ziel: sensibel werden für Andersartigkeit und lernen, damit umzugehen.

Die interkulturelle Arbeit geschieht auf mehreren Ebenen. Im Alltag werden etwa im Stuhlkreis die kulturellen Hintergründe der Kinder in einer „Fantasiereise um die Welt" beleuchtet. Oder die Runde übt miteinander Kinderlieder in fremden

Gemeinsam macht alles gleich viel mehr Spaß

Sprachen ein. Zahlreiche interkulturelle und zweisprachige Kinderbücher können die Kinder nutzen. Inspirationen und Ideen für neue Bücher holt sich Wiltrud Wolter an Bücherständen etwa auf dem Evangelischen Kirchentag.

Internationales Essen – ein Abend, an dem alle an einen Tisch kommen

„Wie kriege ich eigentlich die Eltern alle an einen Tisch?" Diese Frage stellte sich die Kita-Leiterin bereits vor Jahren. Sie wollte den Kontakt zu den Eltern stärken. Ihre Antwort: das „Internationale Essen" – ein Abend, der längst fester Bestandteil der Kita-Arbeit ist. Gemeinsam kochen Eltern und Kinder ihre jeweiligen landestypischen Gerichte. Die Kinder malen dafür kleine Nationalflaggen, stellen vor dem Essen die Herkunftsnation ihrer Familien und das zubereitete Gericht vor. Dann geht's ans Genießen und Feiern. Das Internationale Essen ist beliebt und zu einem Abend geworden, „an dem alle an einen Tisch kommen". Diese gute Gemeinschaft prägt die Arbeit in der Einrichtung – das Miteinander ist gelöster geworden.

Ostern im Martin-Luther-King Kindertagesheim

Mit Gott groß werden

Das Martin-Luther-King Kindertagesheim ist ein evangelischer Kindergarten, der sich an christlichen Werten orientiert und in dem ein respektvoller und herzlicher Umgang miteinander gepflegt wird. Die Kinder sollen in der Kita religiöse Bildung erhalten und verinnerlichen, dass alle Kinder Geschöpfe Gottes sind. Christliche Feste und Traditionen wie auch die anderer Religionen werden gefeiert, gelebt und erklärt, Gemeinsamkeiten entdeckt, Unterschiede nicht übergangen. Die Eltern sind durch kleine Aufgaben mit eingebunden in die Verantwortung für die religiöse Bildung der Kinder. Schließlich sollen sie sich mit den Zielen der Kita auseinandersetzen und identifizieren.

Sterne, Mond, Engel und Segen – interreligiöse Interaktion

Das Kita-Team sieht seine Aufgabe darin, Wertschätzung gegenüber den verschiedenen Religionen zu fördern. Erzieherinnen und Eltern greifen neben den christlichen Traditionen und Festen auch jene anderer Religionen auf und gestalten sie zusammen mit den Kindern. Ziel ist dabei stets das kindgerechte Kennenlernen anderer Religionen. Dafür haben sich die Erzieherinnen etwas Besonderes ausgedacht:

Einmal in der Woche besuchen sich gewissermaßen die Religionen gegenseitig im Kindergarten. Die Kinder wollen etwas über die Religion der anderen erfahren. Symbole geben bei den Besuchen Orientierung: Sterne stehen für das Christentum, der Mond für den Islam. Konkret geht das so: In der einen Woche besuchen die „Sterne" den Islam in einem Raum der Kita. In der Woche darauf besucht der „Mond" das Christentum in einem anderen Raum. Die besuchten Kinder bereiten mit Hilfe einer pädagogischen Fachkraft etwas zu ihrer Religion vor, etwa ein Gebet oder ein Fest, und stellen es den Gästen vor. So lernen die Kinder spielerisch religiös bedeutsame Inhalte kennen, die dann auch im Rahmen eines Kindergartenfestes mit den Eltern aufgenommen werden. Ab und zu besuchen sich „Sterne" und „Mond" auch in ihren jeweiligen Gotteshäusern. Regelmäßige Besuche von Kirche und Moschee gehören zum festen Programm der Kita.

Die interreligiöse Arbeit des Kindergartens prägt die ebenfalls regelmäßig durchgeführten Projekte. Mit ehrenamtlicher Hilfe konnte auch das erste der folgenden Projekte realisiert werden.

Das Projekt „Engel"

Mehrere Monate lang beschäftigten sich die Kinder mit der Vorstellung von Engeln in den verschiedenen Religionen. Dabei lernten die Kinder Engeltexte aus Bibel und Koran kennen. Immer standen die Fragen im Hintergrund: Wie stellen sich die Menschen Engel vor und was bedeuten sie ihnen? Im Christentum? Im Islam? Wo sind Unterschiede, wo Gemeinsamkeiten? Am Ende des Projektes durfte jedes Kind seinen ganz persönlichen Engel entwerfen, ihn aus Holz aussägen und anmalen. Stolz präsentierten sie „ihren" Engel den Eltern.

Das Projekt „Segen"

Dieses Projekt begleiteten ein evangelischer Pfarrer und ein Hodscha, ein türkisch-muslimischer Geistlicher. Gemeinsam lasen sie den Kindern Geschichten aus Bibel und Koran vor. Zur Halbzeit des Projektes stellten der Pfarrer und der Hodscha jeweils einen Segensspruch vor und redeten mit den Kindern darüber. Am Ende sprachen sie jedem Kind, je nach Religionszugehörigkeit, den Segen zu.

Annegret Maile, Anke Edelbrock

„Der Kulturgarten" – eine Materialsammlung zur Gestaltung internationaler Feste

Die Materialsammlung „Kulturgarten" entstand aus einem gemeinsamen Projekt der ökumenischen Arbeitsstelle des evangelisch-lutherischen Kirchenkreises, der Martin-Luther-King-Kirchengemeinde und des Martin-Luther-King Kindertagesheims in Hamburg-Steilshoop.

Wir, das Team der Kita, sehen es als unsere Aufgabe an, die Vielfalt der Kulturen und Religionen in Kindertagesstätten und Schulen als Chance zu begreifen, ohne sich dabei Problemen zu verschließen. Eine aktive Gestaltung des interkulturellen Miteinanders führt demnach nicht nur zu einem friedlicheren Zusammenleben, sondern stärkt das Selbstbewusstsein aller Kinder und fördert ihre interkulturellen Kompetenzen. Solche Fähigkeiten sind zunehmend in allen Gesellschaftsbereichen gefragt. Interreligiöse Kompetenzen gehören dazu.

Ziel des Projekts war es, die kulturellen und religiösen Traditionen und Bräuche der Einwanderergruppen vermehrt als gemeinsamen Reichtum des Stadtteils nicht nur zu verstehen, sondern auch ganz praktisch gemeinsam zu erleben. Eine Gruppe von Eltern der Kindertagesstätte und ein interkulturell geprägter Religi-

Mond und Sterne | 135

Die kulturelle Vielfalt zeigt sich im Kindergarten

onskurs der Oberstufe des Bildungszentrums Steilshoop nahmen sich vor, die Hintergründe ihrer jeweiligen Feste und Bräuche zu beschreiben.

- Projektverlauf
  - Elternabend
  - Entwurf eines interkulturellen und interreligiösen Kalender- und Fragebogens (mehrsprachig) für die Eltern mit der Aufgabe:
    Feste einzutragen, Festabläufe zu beschreiben, Geschichten (Legenden) zu notieren, Rezepte für typische Speisen aufzuschreiben und länderspezifische Spiele darzustellen.
  - Motivation aller Eltern und Verteilung der Kalender- und Fragebögen
  - Einsammeln der Kalender- und Fragebögen
  - Öffentlichkeitswirksame Gestaltung des Internationalen Essens
  - Dokumentation der Speisen und des Festes
- Ein Beispiel für den Gebrauch des Kulturgartens: Das Opferfest. Die Materialsammlung „Kulturgarten" umfasst zahlreiche Kapitel: Einführungen in die verschiedenen Religionen, Erklärungen zu den Jahresfesten weltweit, Materialsammlungen zu den Geschichten, zu Liedern, zum Basteln, zum Theater, zu Spielen, zum Kochen und gezielte Länderinformationen. Kurze Informationen etwa zum Opferfest zeigen, wie es in einer Kita gefeiert werden kann.

- Die „Geschichte" zum Opferfest: Grundlage des Opferfestes ist eine Geschichte im Koran in Sure 37, 100–113, die ähnlich auch im Alten Testament (1. Mose 22) zu finden ist: Gott wollte Abrahams Glauben prüfen, indem er ihn aufforderte, seinen Sohn als Zeichen des Gehorsams zu opfern. Abraham gehorchte und ging mit seinem Sohn an den Ort, den Gott genannt hatte. Als Gott sah, dass Abraham wirklich bereit war, das Opfer zu bringen, griff er ein und gab Abraham einen Widder, damit er diesen anstelle seines Sohnes opfern konnte. In der Türkei heißt das Fest Kurban Bayrami.
- Einige kurze Informationen zum Opferfest: Zum Verständnis des Folgenden sind einige Hintergrundinformationen wichtig.
  - Das Opferfest erinnert an die Opferbereitschaft Abrahams.
  - Es wird zwei Monate und zehn Tage nach dem Ende des Fastenmonats Ramadan gefeiert und dauert vier Tage.
  - Am ersten Tag versammeln sich alle in schönen Kleidern in der Moschee zum Gebet. Danach küsst man sich und wünscht sich ein gutes Fest. Die Kinder bekommen kleine Geschenke.
  - Traditionell wird ein Tier geschlachtet (in Deutschland wird meistens direkt Fleisch gekauft). Ein Drittel des Tieres wird an Bedürftige gegeben, ein Drittel an Freunde und das letzte Drittel gehört der Familie. Auch finanzielle Spenden sind zum Opferfest üblich.
  - Das gemeinsame Essen steht im Mittelpunkt des Opferfestes.
- Ein Spiel passend zum Fest: Fatimas Hand. Das Spiel ist sehr ähnlich wie „Ich packe meinen Koffer". Die Kinder sitzen im Kreis. Ein Kind fängt an und hält seine Hand mit der Innenfläche an die seines Nachbarn. Es spricht einen Wunsch oder ein Stichwort dazu aus. Nun ist das zweite Kind an der Reihe und wiederholt den Wunsch des Vorgängers und spricht dazu den eigenen Wunsch aus. Es müssen immer alle gesagten Wünsche wiederholt werden.
- Für bastelbegeisterte Kinder: Fantasietier-Sparbüchsen herstellen. Weil zum Opferfest traditionell Spenden an Bedürftige gegeben werden, kann das Herstellen von Fantasietier-Sparbüchsen das Fest noch attraktiver machen. Andere Kinder überlegen sich inzwischen mit der Hilfe einer Erzieherin ein Projekt, das sie unterstützen möchten. Wenn die Sparbüchsen fertig sind und ein Projekt ausgewählt ist, müssen die Sparbüchsen nur noch mit Spenden „gefüttert" werden. Spenden sammeln kann man beispielsweise in der Familie, auf dem Markt im Stadtteil und bei Stadtfesten.
  - Zum Basteln braucht man Toilettenpapierrollen, Pappe, bunte Stoff- und Fellreste, Filzstifte, Schere, Klebstoff, Papier und Bastelmesser.
  - Dann können die Kinder zwei Pappkreise in Größe der Öffnungen der Papprollen ausschneiden. Jeweils mit einem etwas größeren Kreis aus Papier bekleben und damit die Öffnung der Rolle verschließen. An einer

Seite ein Gesicht malen. Die Rolle mit Stoff und Fellresten bekleben, aus Pappe Ohren und vier Füße ausschneiden. Ebenfalls mit Stoff und Fellresten bekleben und an der Rolle anbringen. In den Tierrücken einen Schlitz schneiden, damit das Tier „gefüttert" werden kann.

■ Der Abschluss der Themenarbeit „Opferfest". Die Themenarbeit „Opferfest" endet mit dem „Schlachten" der Tiersparbüchsen (oder dem Öffnen) und dem gemeinsamen Zählen der gesammelten Spenden. Das Geld können die Kinder dann entweder auf einer Bank für das Projekt einzahlen oder einem Vertreter des Projektes direkt überreichen.

■ In einer Abschlussrunde hören die Kinder nochmals die Geschichte zum Opferfest. Am Ende der Themenarbeit darf natürlich nicht fehlen, die Parallelen zwischen Christentum und Islam durch den gemeinsamen Bezug auf Stammvater Abraham/Ibrahim als Vorbild des Glaubens zu benennen.

Wiltrud Wolter

Impulse für die Praxis

■ Bleiben Sie neugierig auf die jeweiligen Kulturen, Religionen und Traditionen Ihrer Kita-Kinder. Suchen Sie bei den Eltern auch immer wieder gezielt nach Ansprechpartnern.

■ Niederschwellige Angebote, wie das „Internationale Essen", ermöglichen das Kennenlernen. Wenn eine Beziehung aufgebaut werden konnte, fällt es leichter, sich über religiöse und kulturelle Themen auszutauschen.

■ Ein interkultureller und interreligiöser Kalender hilft, die verschiedenen Feste zu berücksichtigen. In Hamburg hat man in einer benachbarten Schule einen Religionskurs gefunden, der an einem individuellen Kalender für die Einrichtung mitgearbeitet hat. Vielleicht finden Sie in Ihrer Nachbarschaft auch Kooperationspartner?

■ Arbeitet der örtliche Pfarrer mit einem Imam zusammen? Können die beiden die Kita gemeinsam besuchen und den Kindern von den Religionen erzählen?

14 | Die Erfahrungswelt des Kindes wahrnehmen und aufnehmen

AWO Familienzentrum Kindertagesstätte „Mittendrin", Aachen

„Bei uns soll jedes Kind lernen, dass es einen Platz in der Welt hat. Es soll lernen: Familienzugehörigkeit ist Stärke. Seine Familie ist in Ordnung mit der Kultur und der Religion, die sie hat. Und dass die Familie hier auch wichtig ist und wahrgenommen wird".

Nassim Navvabi, Leiterin der Kindertagesstätte Mittendrin

Die Kindertagesstätte „Mittendrin" liegt „mittendrin" zwischen den drei Aachener Stadtteilen „Rothe Erde", dem „Frankenberger Viertel" und „Aachen Ost". Zwei dieser Stadtteile gelten als ausgegrenzte Viertel. Die Kita wird von Kindern aus der Mittelschicht besucht wie auch von Kindern, die sich in schwierigen Lebenslagen befinden.

Die Kita „Mittendrin"

Die Kita „Mittendrin" wurde 1995 gegründet und ist seit 2007 ein Familienzentrum. Im Zentrum finden Bewohnerversammlungen, Stammtische, Schuldnerberatung, Erziehungs- und Familienberatung, Frauenfrühstück, Elternkurse und Angebote für Jugendliche statt.

80 Kinder werden von Montag bis Freitag von 7.10 Uhr bis 16.30 Uhr in der Kindertagesstätte betreut. 97 Prozent der Kinder haben einen Migrationshintergrund. Sie stammen aus etwa 15 Ländern. Das interkulturelle Team der Kita setzt sich zusammen aus der Leiterin Nassim Navvabi, sieben Fachkräften und zwei Ergänzungskräften.

Das besondere Profil:
- Die Familienkulturen in den Mittelpunkt rücken
- Religiöse Feste – dürfen wir bei Ihnen zuhause gucken, wie Sie feiern?
- Demokratie leben – Eltern aktiv mit einbeziehen!

Das Markenzeichen:
- Das Sechs-Komponenten-Modell

Die Familienkulturen in den Mittelpunkt rücken

Jedes Kind hat ein Recht auf emotionale und soziale Zuwendung. Die Erfahrungswelt des Kindes gilt es dabei wahrzunehmen und aufzugreifen. Dazu gehört auch, die Familien- und Gruppenzugehörigkeit des Kindes zu stärken und ebenso die der Eltern. „Das ist eben auch Teil der interkulturellen Arbeit. Nur dadurch hat man die Stärke, sich in einer fremden Umgebung und Kultur offen zu bewegen", so Nassim Navvabi.

Eine Familienfotowand zeigt, worum es geht: Nicht die nationale Herkunft, sondern die Familienkultur soll im Mittelpunkt der interkulturellen Arbeit stehen. Die Familie kann sich auf der Bilderwand selbst vorstellen und ist so für alle präsent.

Das Team bezieht die individuellen und kulturellen Unterschiede zwischen den Kindern und ihren Lebenswelten in die Arbeit ein. Diese Unterschiede bieten eine ergiebige Basis für Erlebnis-, Spiel- und Lernmöglichkeiten. Auch bei der Raumgestaltung wurde darauf geachtet, den Kindern kulturelle Vielfalt zu vermitteln. Die Kinder sollen sich in der Einrichtung geborgen fühlen, von daheim vertraute Dinge auch hier entdecken. Diese Gegenstände werden im Stuhlkreis immer wieder hervorgeholt – eine gute Grundlage für interkulturelle Gespräche. Mit zahlreichen Büchern und Materialien können die Kinder auf virtuelle Entdeckungsreisen in ferne Länder gehen.

Die Familienfotowand der Kita

Wo wohnen Deine Großeltern?

Religiöse Feste – dürfen wir bei Ihnen zuhause gucken, wie Sie feiern?

Um Weihnachten herum besuchen die Kinder zusammen mit den Erzieherinnen religiöse Stätten. Dabei wird die Religion jedes Kindes berücksichtigt. „Auch wenn nur ein einziges Kind etwa aus Indien oder Pakistan stammt, so fragen wir doch nach, wie religiöse Feste bei ihm zu Hause gefeiert werden", so Nassim Navvabi. „Wenn die Familien kein Gotteshaus besuchen können, weil es vor Ort keines für ihre Religion gibt, dann bitten wir sie uns zu zeigen, wie sie das Fest daheim feiern." Meist sind die Eltern gern bereit dazu und laden die Kindergartengruppe ein. Oft führen die Familien uns dann die traditionellen Gewänder vor, servieren das traditionelle Festmahl und erklären die Hintergründe des Festes. An Holi etwa, dem indischen Frühlings- oder Farbenfest im März, gibt es viel Neues zu entdecken.

In Indien wird das Farbenfest Holi gefeiert

Dabei muss das Team sich immer wieder neu fragen, wie viel es über die Kultur und Religion des Kindes weiß. Was müssen wir uns aneignen, damit wir die Fragen der Kinder beantworten können, und auch die der Eltern? Gezielt geht das Team deswegen auf die Eltern zu und bittet sie darum, den Kindern von ihrer Religion zu erzählen und die Festbräuche zu erklären. Die in der Kita gefeierten Feste werden mit den Eltern des Kulturkreises geplant.

Demokratie leben – Eltern aktiv miteinbeziehen!

Zur Kita-Arbeit gehört grundlegend, dass die Eltern einbezogen und aktiv beteiligt werden. Bereits beim Aufnahmegespräch achtet die Leitung hier darauf, dass Vater, Mutter und Kind teilnehmen. Es kann dann eben sein, dass das Gespräch erst abends möglich ist. Gezielt wird nach der Familienkultur gefragt. Im engen Kontakt mit den Eltern will das Team ein Gefühl für die jeweiligen Lebensbedingungen bekommen, will passende Themen finden und darauf eingehen. Zur Arbeit der Kita gehören auch Hausbesuche, damit die Vertrautheit wachsen kann. „Die Eltern sollen ihre Meinung äußern und auch Unmut zeigen können, das ist uns wichtig", so die Leiterin Nassim Navvabi. Sie sollen im Interesse einer engen Erziehungspartnerschaft eingebunden werden in die Kindergartenarbeit. Eine enge Zusammenarbeit gibt es auch mit dem Familienzentrum. Dadurch steht den Eltern ein umfassendes Beratungs- und Unterstützungsangebot offen.

Annegret Maile, Anke Edelbrock

Die Kaffee-Ecke für die Eltern ist gleichzeitig Servicepunkt des Familienzentrums

Interkulturelle Arbeit mit dem Sechs-Komponenten-Modell

Um in unserer Kita auf allen Ebenen die interkulturelle Arbeit reflektiert umsetzen zu können, haben wir über mehrere Jahre das Sechs-Komponenten-Modell entwickelt.

Die sechs gleichwertigen und gleich wichtigen Komponenten sind:

1. Das Konzept der Kita
2. Die Erzieher und Erzieherinnen (Team)
3. Das Kind und seine Anlagen
4. Die Eltern
5. Die soziale Umwelt der Familie
6. Die Peergroups des Kindes in der Kita und zu Hause

Das Sechs-Komponenten-Modell ist für unsere pädagogische Arbeit ein effizientes Hilfsmittel zur Situationsanalyse, Zielfindung, Handlungsplanung und Evaluation. Darüber hinaus reflektieren und optimieren wir unsere Arbeit jährlich im Rahmen unseres AWO-Qualitätsmanagement-Systems, das auch die interkulturelle Arbeit mit einbezieht.

Das Konzept der Kita

Gemeinsam entwickelten wir Leitlinien für unsere Einrichtung:

- Gesundes Aufwachsen und Bildung für alle Kinder ermöglichen
- Chancengleichheit fördern
- Kinderarmut entgegenwirken
- Änderungen in der Raumgestaltung und -nutzung
- Änderungen in den Organisations- und Kommunikationsstrukturen der Einrichtung

Wir richten den Fokus unserer pädagogischen Arbeit auf Familienkultur statt auf nationale Kultur.

Vor allem in den Bereichen der Sprachförderung, der Bewegungserziehung und der Gesundheitsförderung, der räumlichen Gestaltung unseres Hauses und der Elternarbeit überarbeiteten wir umfassend unsere Konzepte. Damit eng verbunden etablierten wir demokratische Prinzipien: ganzheitliche Erarbeitung und Umsetzung der Änderungen in Projekten, Entwicklung einer Projektkultur, Aufbau eines Selbstverständnisses als „Lernendes Unternehmen".

Zudem einigten wir uns auf ein gemeinsames Verständnis von Integration: Integration ist für uns ein stetiger Prozess; die ganze Gesellschaft mit ihren Mehr- und Minderheiten gestaltet ihn. Er schließt einen von Wertschätzung geprägten Umgang miteinander ein und respektiert alle Unterschiedlichkeiten. Der Erwerb der deutschen Sprache ist also nicht die einzige Voraussetzung für gelingende Eingliederung. Integration bedeutet, dass Menschen ihre Lebenswelt kennen und verstehen lernen. Sie sollen sich in ihr bewegen können und dies auch wollen. Das zeigt sich in der Pflege sozialer Kontakte, in Bildungsanstrengungen, in der Erwerbstätigkeit, im kulturellen und politischen Engagement.

Die Erzieher und Erzieherinnen (Team)

Im Prozess der interkulturellen Öffnung mussten wir uns als Team zuerst darüber klar werden, welches Menschenbild und welches Verständnis von demokratischem Zusammenleben und Integration wir selbst haben. Wir machten uns auf den Weg, sensibel nach unseren Vorurteilen zu fragen und danach, was wir als Diskriminierung und Ausgrenzung empfinden. Die Ergebnisse unserer Überlegungen führten zu folgenden praktischen Konsequenzen:

- Für die Leitung: Änderung meiner Rolle als Leiterin einer viergruppigen Kita hin zur „Managerin": Projektmanagement, Integrationsmanagement, Finanzmanagement, PR-Management und Management des Familienzentrums, Anwachsen der Aufgaben in Personalführung und Verwaltung.
- Für das Team: Ständige Selbstreflexion und Reflexion der erzieherischen Haltung, Auseinandersetzung mit der eigenen kulturellen Identität, Austausch im multikulturellen Team.
- Erweiterung der interkulturellen und der pädagogischen Kompetenz der Mitarbeiter im Interesse einer ganzheitlichen Bildungsarbeit. Dies geschieht durch Fortbildung und Praxisbegleitungen.
- Übernahme von mehr Organisations- und Koordinationsarbeit im Zusammenhang mit den Angeboten des Familienzentrums.

Das Kind und seine Ressourcen

Im Mittelpunkt der Kita-Arbeit steht das Kind. Es geht darum, seine physische und psychische Entwicklung, seine kognitiven und sprachlichen Fortschritte sowie die Entfaltung seiner Selbstbildungspotenziale von Beginn an zu unterstützen und zu begleiten. Es gilt zudem, die Freude am Mitmachen und das Wohlbefinden der Kinder stets im Blick zu haben.

Die Eltern

Es geht uns um eine Intensivierung der Elternbeteiligung. Wir beziehen die Ressourcen der Eltern in die pädagogische Arbeit ein, und zwar im Rahmen einer Trommel-AG, Experimentier-AG, Bastel-AG und einer Fußball-AG.

Die individuellen Bedürfnisse der Familien sind der Maßstab für die pädagogische Arbeit. Dabei sollte der Schwerpunkt immer bei den unterschiedlichen Familienkulturen liegen, nicht bei den nationalen Hintergründen. Hausbesuche bieten einen guten Einblick in diese Kulturen; sie sollten deswegen Bestandteil des Konzeptes sein. Hilfreich kann dabei die Begleitung durch professionelle Sprach- und Kulturmittler sein. Gleichwohl ist den Eltern bereits beim Erstgespräch zu verdeutlichen, dass Deutsch die gemeinsame Sprache in der Einrichtung ist und sie den Austausch zwischen allen Eltern fördert. Dies sollte Vater und Mutter klar sein, die beide zum Ge-

Die Eltern werden aktiv in den Kita-Alltag mit einbezogen

spräch kommen sollen. Neben Angeboten für die Mütter soll die Kita gezielt auch Angebote für Väter machen.

Die soziale Umwelt der Familie

Das Wissen um die soziale und kulturelle Umwelt der Kinder ist der Schlüssel dafür, ihre Themen und Neigungen zu erkennen. Nur so lassen sich „Entwicklungsfenster" der Kinder öffnen. Dafür kommen unter anderem die Wohnsituation und die alltäglichen Lebensformen der Kinder in den Blick. Die Familienkultur und die dazugehörige Religion müssen bei der Aufnahme in der Kita thematisiert werden. Im Kita-Alltag tauchen diese Themen immer wieder auf. Auch die soziale Vernetzung der Familie, Nachbarschaft, Verwandtschaft, Freundeskreis, die soziale und materielle Situation sollten analysiert werden. Hier kann es beispielsweise darum gehen, inwiefern die Umgebung sich positiv oder negativ auf die Kinder auswirkt, etwa durch Akzeptanz oder Diskriminierung.

Die Peergroups des Kindes in der Kita und zu Hause

Die Erzieherinnen sollten wissen, welche Wirkung Peergroups und andere Kinder in der Kita wie auch zu Hause entfalten. Das kann Auswirkungen haben auf die Zusammensetzung der Kita-Gruppen, etwa ob sie geschlechtshomogen oder -heterogen und kulturhomogen oder -heterogen gebildet werden und wie die Alterszusammensetzung aussieht.

Nassim Navvabi

Impulse für die Praxis

- Nehmen Sie die Erfahrungsumwelt bzw. die Familienkulturen der Kinder in den Blick. Bieten Sie den Kindern Möglichkeiten, gewohnte Dinge (Essgewohnheiten beim Frühstück) in der Kita wiederzufinden. Auch eine Familienfotowand, wie in der Kita Mittendrin, bietet sich an.
- Mit einer Kindergruppe das Zuhause eines jeden Kindes zu besuchen ist eine spannende Sache. Besprechen Sie mit den Eltern, was bei einem solchen Besuch den Kindern aus der jeweiligen Kultur und Religion alles gezeigt und erklärt werden kann: z. B. spezielle Feste oder auch Speisen. Die Kinderbesuche werden zu Entdeckungsreisen der Vielfalt.
- Wenn in der Kita ein religiöses Fest vorgestellt werden soll, binden Sie die Eltern in das Geschehen ein.
- Überprüfen Sie anhand des Sechs-Komponenten-Modells, welche der Komponenten in Ihrer Arbeit Berücksichtigung finden.

„Tue Gutes und rede darüber" | 15

Evangelische interkulturelle Kindertagesstätte Astrid Lindgren, Lübeck

*„Kinder haben Eltern, haben Großeltern, haben Familien.
Alle Familien sind unterschiedlich und wenn wir etwas mit
den Kindern erreichen wollen, geht das nur, wenn man
die Familien mitberücksichtigt und auch mit ihnen arbeitet."*
Julia Vermehren, Leiterin der Einrichtung

Für die evangelische Kindertagestätte Astrid Lindgren ist interkulturelle Arbeit so zentral, dass der Begriff auch in den Namen der Einrichtung eingegangen ist: „Evangelische interkulturelle Kindertagesstätte Astrid Lindgren". Die Dekoration im Eingangsbereich strahlt Vielfalt aus: An einer Schnur hängen bunte Papierfiguren, denen man sofort ihre unterschiedliche kulturelle Herkunft ansieht. Dass Religion mit dazu gehört, kann man sehen.

„Mit offenen Armen empfangen werden" – Willkommensschmuck in der Lübecker Kita

Das besondere Profil:
- Vielfalt im Stadtteil – Vielfalt im Team
- Mit Kindern das Verbindende im Getrennten suchen
- Ohne Eltern geht es nicht!
- Verbündete gewinnen: Öffentlichkeitsarbeit und Ansprechpartner sein

Das Markenzeichen:
- „Tue Gutes und rede darüber" – Lobbyarbeit für die Interessen der Kinder

Vielfalt im Stadtteil – Vielfalt im Team

Der Lübecker Stadtteil Vorwerk-Falkenfeld wird durch viele ganz unterschiedlich geprägte Menschen bestimmt: Menschen ohne religiöses Bekenntnis, Christen, Muslime und Juden leben eng miteinander. Diese religiöse und kulturelle Vielfalt spiegelt sich in der Astrid-Lindgren-Kindertagesstätte. Hier gehen 63 Kinder ein und aus, deren Eltern unter anderem aus Südafrika, China, Taiwan, Kolumbien, Griechenland, Nigeria, Kasachstan, Ukraine und Türkei kommen. Die Einrichtung hat sich im Interesse einer erfolgreichen Integrationsarbeit und einer gelingenden interkulturellen Arbeit einer 50-Prozent-Regel bei der Aufnahme verpflichtet: Kinder mit und ohne Migrationshintergrund sollen sich die Waage halten.

Eine Welt – viele Gesichter

Diese kulturelle Vielfalt setzt sich auch bei den 13 Mitarbeiterinnen und Mitarbeitern der Einrichtung fort. Sechs Erzieherinnen stammen selbst aus einer Migrantenfamilie. Das hilft nicht nur bei der Überwindung von Sprachbarrieren, sondern begründet auch einen Vertrauensvorschuss – eine gute Basis für erfolgreiche Beziehungsarbeit. Ganz praktisch: Türkisch- und russischsprachige Erzieherinnen können unkompliziert Informationen für die Eltern und Aushänge fürs Schwarze Brett übersetzen.

Mit den Kindern das Verbindende im Getrennten suchen

Für die Leiterin der Einrichtung, Julia Vermehren, hat der christliche Glaube in der evangelischen Einrichtung Astrid-Lindgren-Kindertagesstätte zentralen Stellenwert. Biblische Geschichte, Singen und Tischgebet gehören zum Alltag. Dabei haben die Erzieherinnen auch die anderen Religionen im Blick: Ob die Kinder beim Gebet die Hände nach christlicher Tradition falten oder sie nach muslimischem Brauch öffnen oder sie einfach in den Schoß legen, bleibt ihnen selbst überlassen. Wenn die Kinder beispielsweise Geschichten aus dem Alten Testament wie die „Arche-Noah"-Erzählung hören, dann erfahren sie auch, dass es diese Geschichte ähnlich auch im Koran gibt. Die Kinder sollen „Mit Gott groß werden" können, wie auf einem Banner im Eingangsbereich der Einrichtung steht. Alle Kinder sollen sich angenommen und wie zu Hause fühlen, mit ihrer je eigenen Religion wie auch ohne Religionszugehörigkeit.

„Ausflüge in andere Kulturen und Religionen" wecken das Interesse der Kinder an den jeweils anderen Religionen ihrer Kindergartenfreunde. Für Julia Vermehren war etwa der gemeinsame Besuch einer Moschee mit Eltern und Kindern ein voller Erfolg: „Dieser Besuch brachte die muslimischen Eltern richtig zum Aufblühen, weil sie spürten, dass wir ihre Religion und sie selbst achten."

Damit die unterschiedlichen nationalen, kulturellen und religiösen Hintergründe der Kinder und ihrer Familien auch im pädagogischen Alltag spürbar werden können, hat jedes Kind ein „Familienbuch". Da „liest" zum Beispiel die vierjährige Elvina den anderen Kindern vor und diese erfahren dabei, dass Elvinas Mutter aus Serbien stammt und sie einen kleinen Bruder hat. Alle wissen, dass bei Elvina zu Hause anders gesprochen wird als in der Kita. Sie sehen im Familienbuch ein Foto von Elvina und Bildschnipsel von Dingen, die sie mag (Krone, Glitzeraufkleber, Hase). So finden die Kinder eine Brücke, um mit den anderen über sich selbst und fremde Eigenheiten ins Gespräch zu kommen und Anderssein zu akzeptie-

Auf der Arche Noah ist noch Platz

Eifrige Puppenmamas im Austausch über den Nachwuchs

ren. Dabei sehen sie auch immer das Gemeinsame. Bei Elvina etwa sind es Prinzessinnen, die viele Mädchen der Gruppe ganz toll finden.

In den Bücherecken finden die Kinder unter anderem Bilderbücher mit Texten in verschiedenen Sprachen. Enorm wichtig für die interreligiöse und interkulturelle Arbeit in der Kita ist die Elternarbeit deutscher, türkischer und russischer Sprache. Es ist faszinierend, den Regenbogenfisch auf Kyrillisch zu entziffern. Eigentlich kein Problem, denn die Geschichte kann auch ein deutscher „Leser" dank der aussagestarken Bilder problemlos wiedergeben. Doch nicht nur Bücher fördern die Begegnungskultur. Musikinstrumente, Puppen mit heller und dunkler Hautfarbe oder Kostüme für Verkleidungen vergrößern den Fundus.

Ohne Eltern geht es nicht

Dazu gehört das tägliche Elterncafe im Eingangsbereich. Auch Nachmittage mit griechischen Tänzen oder türkischem Kochen wurden schon angeboten. Zur Fußball-EM konnten alle miteinander das Länderspiel Deutschland gegen die Türkei auf einer Großbildleinwand ansehen und ein deutsch-türkisches Büffet genießen.

Das Kita-eigene Elterncafé

Viele kamen und erlebten einen unvergesslichen und Völker verbindenden Abend. Trotz der Enttäuschung über das verlorene Spiel war am Ende auch auf türkischer Seite alles gut: Alle umarmten sich und die türkischen Familien gratulierten den deutschen. Freude herrschte auf beiden Seiten, und fürs Finale drückten alle gemeinsam der deutschen Mannschaft die Daumen.

Während bei dieser Art von Begegnungen vor allem Beziehungskraft und Vertrauen wachsen, geht es bei der interreligiösen Elternveranstaltung um Inhalte und Wissen. Da stehen Themen auf dem Programm wie „Religionen im Dialog: Gott ist für uns alle da" oder „Juden, Christen und Muslime im Dialog". Eingeladen sind dabei Christen, Muslime und Juden gleichermaßen. Eltern wie auch interessierte Mitbürger können dann miteinander ins Gespräch kommen.

Auch das Feiern religiöser Feste gehört zum Profil der Einrichtung. Vor allem die großen christlichen Feste, aber auch das muslimische Ramadan- und Opferfest und das jüdische Chanukka-Fest werden gemeinsam begangen. Auch Weihnachten nach russisch-orthodoxer Tradition haben Kinder, Eltern und Erzieher bereits mehrfach zusammen gefeiert. Ohne die Unterstützung der Eltern geht es dabei nicht, zumal sich die Erzieherinnen vor allem in der christlichen Tradition auskennen. „Bei den muslimischen und jüdischen Festen brauchen wir die Eltern", sagt Julia Vermehren. Diese Eltern wiederum seien dankbar dafür, dass ihre Religion wertgeschätzt und anderen Menschen zugänglich gemacht wird.

Dass die Eltern sich gemeinsam mit ihren Kindern auf einen interkulturellen und interreligiösen Weg machen wollen, setzt man im Astrid-Lindgren-Kindergarten voraus. „Wenn im Erstgespräch Ablehnung der Eltern deutlich wird, dass ihr Kind eine Kirche oder Synagoge besucht oder ein christliches Lied singt, dann raten wir von einer Aufnahme ab."

Verbündete gewinnen: Öffentlichkeitsarbeit leisten und Ansprechpartner sein

Die Erfahrungen mit der interkulturellen und interreligiösen pädagogischen Arbeit gelangen durch gezielte Lobbyarbeit mit Hilfe der Presse an die Öffentlichkeit sowie an andere Einrichtungen und Institutionen. Dies bedeutet ein wichtiges Markenzeichen der Einrichtung, um Verbündete für die Integrationsarbeit zu gewinnen und Netzwerke zu erstellen. Wie das geschehen kann, erklärt im folgenden Abschnitt die Leiterin der Einrichtung, Julia Vermehren.

Andreas Stehle

„Tue Gutes und rede darüber" –
Lobbyarbeit für die Interessen der Kinder

Die bekannte Redewendung „Tue Gutes und rede darüber" erhoben wir Mitarbeiter und Mitarbeiterinnen der Astrid Lindgren-Kindertagesstätte zum Prinzip unseres Handelns. Das heißt, dass unsere Ziele einer breiten Mehrheit deutlich vermittelt werden sollen. Es wurde uns klar, dass wir für unsere Anliegen werben müssen, wenn wir mit nachhaltiger sozialer Integrationsarbeit mehr gesellschaftliche Akzeptanz für Migrantenfamilien erreichen wollen. Dies können wir erreichen, wenn wir unsere Arbeit nach außen hin präsentieren, Kontakte mit Einzelpersonen und Institutionen pflegen. So versuchen wir bei vielen Gelegenheiten, mit Menschen zu sprechen und unsere Ziele zum Wohl unserer Kinder aufzuzeigen. In unserer Kita informieren wir durch Aushänge und Dokumentationen, stellen auf Festen und Feiern Eltern unser Einrichtungsprofil vor und lenken auf Träger- und Verbandsebene den Blick auf interkulturelle und interreligiöse Themen.

Im persönlichen Kontakt wie auch über lokale Zeitungen oder Funk- und Fernsehsender suchen wir Menschen zu gewinnen. Bei unseren vielfältigen Kontakten handeln wir immer nach unserem Grundsatz: „Soziale Integration lebt nicht von großen Worten, sondern von vielen kleinen Schritten aufeinander zu." Einige Beispiele dafür:

- Schon der Name der Einrichtung gibt immer wieder Anlass zu tieferen Gesprächen. „Evangelische Interkulturelle Kindertagesstätte Astrid Lindgren" – dieser lange und für eine evangelische Einrichtung eher unübliche Name lädt immer wieder neu dazu ein, sich mit Fragen des interkulturellen und interreligiösen Dialogs zu befassen.
- Wenn wir religiöse Feste wie Ostern oder Weihnachten, das muslimische Ramadan- und Opferfest oder das jüdische Chanukka-Fest feiern, laden wir Nachbarn aus dem Stadtteil zum Besuch und die Presse zur Berichterstattung ein.
- Bei einem Gedankenaustausch über Tod und Trauer mit Eltern versuchten wir zusammen mit dem Pastor unserer Kirchengemeinde, dieses „Tabuthema" offen aufzugreifen. Es kam zu einem sehr ergreifenden Austausch, in dem die Teilnehmenden auch viel etwa über Trauerkultur in anderen Religionen erfuhren. Unterstützung bot bei diesem sensiblen Thema auch das Trauerhaus der Gemeindediakonie Lübeck. Kinder, Eltern und Mitarbeiterinnen besuchten gemeinsam diese Einrichtung. Ein Rundgang über den nahe gelegenen Friedhof schloss die Exkursion ab.
- Regelmäßig treffen sich Frauen unterschiedlicher Nationalitäten in der interkulturellen Nähgruppe, wo sie selbstverständlich nicht nur Kleider nähen, sondern sich über Gott und die Welt austauschen können. Auf einer interkulturellen Modenschau präsentierten sie ihre selbst gefertigten Kollektionen der Öffentlichkeit. Im Anschluss konnten die Modeschöpferinnen und die Gäste sich am internationalen Büffet stärken und zwanglos ins Gespräch kommen. Die Presse war natürlich auch da.
- Zusammen mit dem Mütterkreis unserer Kirchengemeinde laden wir regelmäßig zu öffentlichen Märchenveranstaltungen für Erwachsene ein. Vorgetragen werden die Geschichten von einer professionellen Märchenerzählerin. Solche Abende haben dann Titel wie „Märchen von starken und mutigen Frauen aus aller Welt", „Märchen aus Afrika und dem Orient" oder „Märchen bei dir, bei mir und anderswo".
- Nach über zehn Jahren in der Evangelischen Interkulturellen Kindertagesstätte Astrid Lindgren sehen wir uns in Lübeck gut aufgehoben in einem engmaschigen Netzwerk. Dazu gehören unter anderem die Migrationsberatung der Gemeindediakonie, die islamische, die Alevitische und die Jüdische Gemeinde, die Afrikanische Christengemeinde, der Deutsch-Russische Verein Samovar, Kulturvereine, das Haus der Kulturen, das Evangelische Frau-

enwerk, der Eine-Welt-Laden, die UNICEF-Arbeitsgruppe Lübeck, der Beirat für ökumenische Beziehungen, das Migrationsforum, türkische- und russische Geschäftsleute und viele mehr.

- Eine enge Kooperation hat sich während der vergangenen Jahre insbesondere mit einer Berufsfachschule für Sozialpädagogik entwickelt. Regelmäßig besuchen Schüler von dort unsere Einrichtung, um sich über interkulturelle Arbeit zu informieren. Immer wieder bewerben sich nach solchen Besuchen sozialpädagogische Assistentinnen und Erzieherinnen mit oder ohne Migrationshintergrund bei uns. So konnten wir mit Unterstützung unseres Trägers — gegen einen Beschluss der Synode — eine Mitarbeiterin alevitischen Glaubens einstellen.

- Was hier beschrieben wurde, soll zeigen, wie wir uns gelingende und nachhaltige soziale Integrationsarbeit vorstellen. Notwendig gehören dazu intensive Öffentlichkeits- und Netzwerkarbeit sowie die Mitwirkung und Unterstützung jedes Einzelnen. Wir sind überzeugt davon, dass er damit gleichzeitig aktiv zum sozialen Frieden in unserem Land beiträgt. Die Mitarbeiter und Mitarbeiterinnen unseres multikulturellen Teams mit ihren ganz unterschiedlichen Biografien spielen dabei eine zentrale Rolle: ihre wertschätzende Haltung gegenüber Migranten und Migrantinnen macht sie zu den eigentlichen Glanzlichtern dieser friedenstiftenden Arbeit.

Julia Vermehren

Impulse für die Praxis

- Schauen Sie sich einmal den Eingangsbereich Ihrer Kita an. Strahlt er, wie in der Astrid-Lindgren-Kita, kulturelle Vielfalt aus? Eine interkulturelle Willkommenskultur bereits im Eingangsbereich trägt viel zur positiven Ausstrahlung bei.

- Mit dem Familienbuch haben die Kinder ein Medium, anhand dessen sie sich untereinander über ihre Familienkulturen austauschen können.

- Den Stadtteil zu den Festen und Veranstaltungen der Kita einladen. Auch so können interessante neue Begegnungen entstehen.

- Niederschwellige Angebote für und mit den Eltern, wie z. B. das gemeinsame Anschauen eines Fußballspiels, schaffen Orte der Begegnung. So können Beziehungen aufgebaut werden, die eine gute Basis für Elternveranstaltungen zum interreligiösen Dialog bieten.

- Netzwerkarbeit mit Vereinen, Verbänden, Fachschulen u. ä. eröffnet viele neue Möglichkeiten. Finden Sie heraus, wo in Ihrem Umfeld interkulturell und interreligiös gearbeitet wird.

16 Interkulturalität fördern – Religion gehört dazu

Städtische Kindertagesstätte Paulckestraße, München

„Unser Ziel ist es, den Kindern die Möglichkeit zu bieten, andere Sprachen, Länder, Religionen, Feste und Bräuche kennen zu lernen, zu schätzen und zu respektieren."
Catherine Charpenay, interkulturelle Fachkraft der Einrichtung

Die Kindertagesstätte Paulckestraße liegt im Münchener Stadtteil Hasenbergl. Dieses Wohnviertel entstand in den 1960er Jahren als Großsiedlung des sozialen Wohnungsbaus für einkommensschwache Bevölkerungsgruppen. Das Hasenbergl galt lange als sozialer Brennpunkt. In den letzten Jahren ist die Wohnqualität gestiegen. Der Ausländeranteil lag nach Angaben des Statistischen Amtes der Landeshauptstadt München Ende 2010 bei 26,8 Prozent.

Zur Einrichtung Paulckestraße gehören 100 Kinder: 50 Kindergartenkinder zwischen drei und sechs Jahren bilden zwei Gruppen. Zwei weitere Gruppen bestehen aus 50 Hortkindern im Alter von 6 bis 10 Jahren.

Gemalte Porträts der Kinder

13 Nationen sind hier vertreten: die Türkei, Bosnien, Kroatien, Kosovo, Albanien, Tunesien, Afghanistan, Pakistan, Sudan, Togo, Kongo, Vietnam und Deutschland. Rund 80 Kinder verfügen in der Einrichtung über einen Migrationshintergrund. Es sind in erster Linie die muslimische und die christliche Religion, die hier anzutreffen sind.

Auch das Team der Einrichtung präsentiert sich in kultureller und religiöser Vielfalt: Von den 14 Frauen, die hier arbeiten, sieben Erzieherinnen, vier Kinderpflegerinnen, zwei Praktikantinnen und eine Küchenhelferin, kommen zwei aus der Türkei, eine aus Frankreich, eine ist Deutschrussin und zehn sind Deutsche. Acht der Frauen sind katholisch, zwei muslimisch und zwei religiös nicht gebunden, eine ist evangelisch, eine griechisch-orthodox.

Das Team der Kita betrachtet Kinder und Eltern als bunte und vielfältige Mikrogesellschaft. „Durch diese Mischung werden wir wirklich bereichert", sagt Catherine Charpenay, die interkulturelle Fachkraft der Kita Paulckestraße. Ziel der Kita sei es, dass die Kinder andere Sprachen, Länder, Religionen, Feste und Bräuche kennen lernen, sie schätzen und respektieren.

Das besondere Profil:
- Der mehrsprachige Singkreis
- Internationale Medien- und Buchpakete
- Projekt „Kultur der Kulturen"
- Das COMENIUS-Projekt

Das Markenzeichen:
- Interkulturelle Pädagogik

Der mehrsprachige Singkreis

In der Paulckestraße singen die Kinder gern in unterschiedlichen Sprachen. Um Lieder kennen zu lernen, greift man nicht auf Liederbücher zurück, sondern fragt die Eltern, welche ihnen lieb gewordenen Lieder sie mit der Kindergruppe singen können und wollen. Der gemeinsame Singkreis mit den Eltern ist laut Brigitte Paluch, der Leiterin der Einrichtung, eine wichtige Basis für eine positive Atmosphäre. Die Eltern seien offener geworden. „Die Eltern haben auch von sich aus mehr mit uns geredet und sich stärker eingebracht." Das Konzept ist einfach: Neun Sprachen sind durch die Kinder und Eltern zur Zeit in der Einrichtung vertreten. Abwechselnd bittet man die Eltern, jeweils ein ihnen vertrautes Lied vorzustellen – und dann wird gemeinsam gesungen. Manchmal müssen die pädagogischen Fachkräfte etwas nachhelfen und Überzeugungsarbeit leisten. Aber wenn die Eltern merken, dass sie wirklich gebraucht werden, machen sie gern mit. Catherine Charpenay: „Lassen wir die Eltern spüren, dass wir sie als Fachfrauen und Fachmänner hoch schätzen, dann gibt das eine gute Basis für eine gemeinsame Erziehungs- und Bildungspartnerschaft." Auch die Kinder nehmen viel aus den Singkreisen mit. Sie erleben die unterschiedlichen Sprachen und lernen, sie als wertvoll wahrzunehmen. Weil ihnen die Eltern, die das Lied vorstellen, vertraut sind, können sie auch eine emotionale Beziehung zu dem Lied bekommen und zur jeweiligen Sprache.

Gemeinsames Singen verbindet   *Gespanntes Zuhören*

Internationale Medien- und Buchpakete

Gute Erfahrungen hat die Kita auch mit internationalen Medien- und Buchpaketen gemacht. Durch diese Pakete lernen die Kinder andere Sprachen, Länder, Religionen, Feste und Bräuche anschaulich kennen.

So bietet die interkulturelle Fachberatung der Stadt München mobile Länderkisten an. Sie enthalten passend zum jeweiligen Land Bücher und Bildbände, CDs, Instrumente, Lied- und Spielvorschläge und Stoffe. Die Materialien erleichtern den Einstieg ins Gespräch mit den Kindern: Wie ist es bei euch? Was kennt ihr, welche Gegenstände sind euch fremd? Doris Schröter von der städtischen Fachberatung interkulturelle Pädagogik und Sprache fügt erläuternd hinzu: „Wichtig ist es, die einzelnen Kulturen und Religionen nicht zu stigmatisieren. Die Kinder sollen von der Vielfalt innerhalb der einzelnen Länder erfahren." Interkulturelle Medienpakete für Kindertageseinrichtungen stellt auch die Münchener Stadtbibliothek zusammen. Regelmäßig besuchen die Kindergruppen die dortigen deutsch-türkischen Vorlesungen.

Interkulturalität fördern – Religion gehört dazu | 155

Faszinierend ist das enorme Angebot der Internationalen Jugendbibliothek (IJB) im Münchener Schloss Blutenburg. Mit mehr als 500.000 Exemplaren in über 130 Sprachen ist sie die weltweit größte internationale Bibliothek für Kinder- und Jugendliteratur. Mit den Hort- und den Vorschulkindern war das Team bereits dort. Es finden sich immer neue Anregungen für den pädagogischen Alltag, und sei es nur über den auch im Internet zugänglichen Katalog (OPAC).

Projekt „Kultur der Kulturen"

Das von einer städtischen Quartiersleiterin angeregte Projekt „Kultur der Kulturen" hat zum Ziel, den unterschiedlichen kulturellen Background der einzelnen Familien stärker in den Alltag der Kita hereinzuholen.

Schon im Eingangsbereich und im langen Flur treffen wir auf Spuren des Projekts. Jedem Kindergartenkind ist hier ein DIN A3-Plakat mit Bildern von ihm und seiner Familie gewidmet. Die Eltern wurden gebeten, auch Fotos von weiteren Verwandten oder auch von Landschaften aus den Herkunftsländern auszusuchen. Wir sehen Editas Cousins, die im Kosovo leben, Kaans Großeltern in der Türkei und Beni noch als Baby in Serbien. Oberhalb der Poster sind die von den Kindern gemalten Nationalflaggen des jeweiligen Landes befestigt. Auch unter der Decke hängen die gemalten Flaggen und die Namen aller in der Kita vertretenen Länder. Für die Kinder und für die Eltern ist es schön, dass sie über die Bilder miteinander ins Gespräch kommen. Der türkische Junge Kaan sagte kürzlich vor dem Plakat zu seinem Freund: „Schau mal, das hier sind meine Oma und mein Opa."

Plakate aus dem Projekt „Kultur der Kulturen"

Selbst geschriebene Gebetskarten in verschiedenen Sprachen

Auch im Kulturenprojekt müssen die pädagogischen Fachkräfte sensibel sein und dürfen keine Denkschablonen verwenden. Wenn Familien schon in der dritten Generation in Deutschland leben, empfinden sie sich als Deutsche, sagt Brigitte Paluch. Selbstverständlich hätten sie Wurzeln in den Herkunftsländern. „Aber sie sagen auch: Wenn man uns lässt, sind wir deutsch." Den Wurzeln des Herkunftslandes in der Kita Aufmerksamkeit zukommen zu lassen ist für die Familien wichtig, auch wenn diese bei dem einen Kind stärker, bei einem anderen eher schwächer ausgebildet sind. Auch beherrschen die Kinder ihre Herkunftssprachen in ganz unterschiedlichem Maße. Im Kulturenprojekt haben sie gelernt, sich im Morgenkreis in allen neun Sprachen, die in der Kita gesprochen werden, „Guten Morgen" zu wünschen. Die Hortkinder haben in verschiedenen Sprachen Gebete auf Karten aufgeschrieben. Diese Karten kommen, mit Laminierfolie beklebt, vor dem Essen regelmäßig zum Einsatz. Erzieherinnen, Kinder und Eltern haben auch schon zusammen landestypische Speisen gekocht und gemeinsam gegessen.

Das COMENIUS-Projekt

Eine wichtige und prägende Erfahrung war für das Team die Teilnahme am COMENIUS-Projekt von 2004 bis 2007. Unterstützt vom Pädagogischen Austauschdienst der Kultusministerkonferenz stand es unter dem Leitwort „We have friends everywhere". Eine internationale Gruppe aus Polen, Rumänien, England, Spanien, Frankreich und Deutschland arbeitete drei Jahre lang grenzüberschreitend und mit gegenseitigen Besuchen zusammen. Dabei konnte die Kita ihre interkulturelle Kompetenz stärken. Es war hochinteressant, die Kindertageseinrichtungen in den verschiedenen Ländern vor Ort besuchen zu können und Einblick in deren Arbeit zu bekommen.

Anke Edelbrock

Unterstützung durch die Städtische Fachberatung „Interkulturelle Pädagogik und Sprache"

In Münchner Kindertageseinrichtungen werden Kinder aus unterschiedlichsten Kulturkreisen und Religionen betreut. Ein wesentlicher Baustein zur Gestaltung des interkulturellen Zusammenlebens ist die interkulturelle Erziehung in Kindertageseinrichtungen. Grundlage für die pädagogische Arbeit in Einrichtungen der Stadt München bildet das Rahmenkonzept der Interkulturellen Pädagogik des Referats für Bildung und Sport, Bereich KITA.

Seit 2000 sind in 45 Kindergärten Interkulturelle Erzieherinnen und Erzieher gruppenübergreifend eingesetzt, deren Aufgabe es ist, diesen Schwerpunkt an den Einrichtungen umzusetzen, weiterzuentwickeln und an den Bedürfnissen von Kindern und Eltern auszurichten. Es geht darum, eine interkulturell aufgeschlossene Atmosphäre zu entwickeln und die Vielfalt als Bereicherung wertzuschätzen und zu nutzen. In diesen Prozess sind Kinder, Eltern und Team eingebunden. Dabei werden alle Kitas, auch solche ohne Interkulturelle Fachkraft, auf Anfrage durch derzeit vier Interkulturelle Fachberatungen begleitet und unterstützt.

Es gilt, gesetzliche Vorgaben sowie trägereigene Standards flächendeckend umzusetzen sowie die Inhalte des Bayerischen Bildungs- und Erziehungsplans in der pädagogischen Praxis in hoher Qualität verlässlich einzuführen.

Mit dem Einsatz der Fachberatung Interkulturelle Pädagogik sind einheitliche Standards in der Umsetzung folgender Bereiche des Bildungsschwerpunkts Interkulturelle Pädagogik gewährleistet:

- Pädagogische Arbeit mit den Kindern:
  - Emotionale Stabilisierung, d. h. die Kinder werden angenommen und wertgeschätzt mit ihren verschiedenen familiären Lebensweisen, Religionen, Familiensprachen usw.
  - Erziehung zu interkultureller und interreligiöser Aufgeschlossenheit
  - Sprachliche Bildung und Förderung von Mehrsprachigkeit
- Bildungs- und Erziehungspartnerschaft mit den Eltern – Einbezug der Eltern und deren unterschiedlicher Ressourcen in die pädagogische Arbeit (Beispiel: mehrsprachiges Vorlesen)
- Regelmäßiges Thematisieren interkultureller und interreligiöser Inhalte im Team und kontinuierliche Reflexion der pädagogischen Arbeit zu diesem Bereich
- Interkulturelle und interreligiöse Stadtteil- und Öffentlichkeitsarbeit

Die Fachberatungen setzen bereits erprobte und evaluierte Projekte in den Kindertageseinrichtungen um und entwickeln diese gemeinsam mit der Interkulturellen Erzieherin und dem Team, auf die Bedürfnisse der Einrichtung abgestimmt, weiter. Ebenso unterstützen sie die Entwicklung neuer, für die Einrichtung aktueller Projekte. Sie beraten die Kindertageseinrichtung auch in allen Belangen, die Gestaltung der interkulturellen Elternarbeit betreffend, und können zur Moderation von Klausurtagen mit dem Team oder bei Elternabenden zu Themen der Interkulturellen Pädagogik eingeladen werden. Sie stehen den Kindertageseinrichtungen bei der Weiterentwicklung ihres Konzeptes im Bereich interkulturelle Pädagogik beratend zur Seite und geben Impulse für die Umsetzung im pädago-

13 Nationen sind in der Kita Paulckestraße vertreten

gischen Alltag. Ebenso begleiten sie den Einarbeitungsprozess neuer Interkultureller Erzieherinnen und Erzieher.

Jährlich führen die Fachberatungen für die Interkulturellen Erzieherinnen und Erzieher Regelbesuche, zwei Klausurtage sowie zwei Arbeitskreise durch, bei denen die Inhalte sich gezielt an den Bedürfnissen der Praxis orientieren. Ein Beispiel dafür ist der im Juni 2010 durchgeführte Klausurtag zum Thema „Werteorientierung und Religiosität". Die Fachkräfte hatten die Gelegenheit, in unterschiedlichen religiösen Einrichtungen zu hospitieren. Als Erweiterung finden generell für alle pädagogische Fachkräfte Schulungen zu den verschiedenen Bereichen der Interkulturellen Pädagogik statt. Darüber hinaus entwickeln die Fachberatungen in Zusammenarbeit mit dem Pädagogischen Institut (Fortbildungsinstitut der Landeshauptstadt München) Fortbildungskonzepte für den Bereich Interkulturelle Pädagogik und sind als Referentinnen tätig.

In deutschlandweit wohl einmaliger Weise hat sich hier eine Struktur der Interkulturellen Pädagogik an Münchner Kindertageseinrichtungen entwickelt, die sich sehr bewährt und das pädagogische Fachpersonal in seiner Fachlichkeit bestärkt und stärkt. Durch einen hohen Bedarf an Weiterqualifikation gerade im Bereich der Interkulturellen Pädagogik und Sprache wird die bereits vorhandene Struktur immer wieder weiter entwickelt und ausgebaut.

Fachberatung Interkulturelle Pädagogik und Sprache der Stadt München

Impulse für die Praxis

- Fragen Sie in Ihrer Stadtbücherei nach, ob dort interkulturelle und interreligiöse Medienpakete für Kitas zusammengestellt werden können.
- Um Anregungen für neue internationale Kinderbücher zu bekommen, auf den Internetseiten der Internationalen Jugendbibliothek (www.ijb.de) stöbern.
- Enge Zusammenarbeit mit den Fachberatungen; auch nach Begleitung und Ideen für die interkulturelle und interreligiöse Ausrichtung der Kita fragen.
- Erkennen, welche Bedeutung das Herkunftsland und dessen kulturelle und religiöse Traditionen für Kinder und Eltern mit Migrationshintergrund haben; Respekt zeigen gegenüber diesem Lebensgefühl.
- Auf der Homepage des Pädagogischen Austauschdienstes (www.kmk-pad.org) werden internationale Programme vorgestellt, an denen neben Schulen auch Kindertageseinrichtungen teilnehmen können.

Christlich-muslimischer Dialog in der Kita | 17

Evangelisches Familienzentrum Paulinchen, Marl

„Unser Kirchturm ist in Marl als Symbol für die Zusammenarbeit zwischen Christen und Muslimen bekannt und damit ist klar, dass unser Gemeindekindergarten diesen Weg mitgeht."
Sabine Meyer-Tebeek, Leiterin der Einrichtung

Hinter der evangelischen Pauluskirche in Marl liegt das Paulinchen: ein evangelisches Familienzentrum mit Platz für 70 Kinder, die in drei Gruppen betreut werden. Neun Erzieherinnen, eine Honorarkraft für die Sprachförderung und eine Hauswirtschaftshilfe arbeiten hier.

In Marl liegt der Anteil der Menschen mit Zuwanderungsgeschichte bei zehn Prozent – die Hälfte davon kommt aus der Türkei. Viele dieser Familien leben bereits in der dritten Generation hier. In der Einrichtung kommen Kinder aus 25 türkischstämmigen Familien zusammen. Der interkulturell-interreligiöse Schwerpunkt der Einrichtung liegt deswegen situationsbezogen auf der Integration türkischer Kultur und beim christlich-muslimischen Dialog.

In der evangelischen Paulusgemeinde hat der Dialog mit anderen Religionen einen hohen Stellenwert. Im Gemeindebrief der Evangelischen Stadtgemeinde Marl heißt eine Rubrik „Tellerrand": Man schaut über das Christentum hinaus auf andere Religionen und leitet beispielsweise Informationen weiter zu bevorstehenden „Festen der Nachbarn" wie im Sommer 2011 zum jüdischen Schawout und zur islamischen „Nacht der Schuldvergebung".

Das Paulinchen in Marl

> **Das besondere Profil:**
> - Die Basisarbeit im christlich-muslimischen Dialog
> - Kinderbibelwoche mit Imam
> - Netzwerke vor Ort
>
> **Das Markenzeichen:**
> - Das Eigene kennen, dem Fremden offen begegnen – Förderung der interreligiösen Kompetenz durch religionspädagogische Fortbildungen

Die Basisarbeit im christlich-muslimischen Dialog

Bei einem ersten Rundgang durch die Kita fällt bereits an der Ausstattung auf, dass der Islam hier bewusst wahr- und aufgenommen wird. In den Gruppenräumen sind neben dem christlichen Kreuz auch muslimische Gebetsketten zu sehen. Im Bücherregal stehen der Koran für Kinder und Kinderbibeln nebeneinander. Die Kinder stoßen auch auf Gegenstände aus anderen Ländern, die im Alltag verwendet werden, etwa ein türkisches Teeservice. Solche kleinen Dinge weisen auf die Grundeinstellung der Einrichtung hin: Sowohl das Christentum wie auch der Islam sind in der Einrichtung Thema, der Dialog zwischen Christen und Muslimen wird gefördert. Soll der Austausch gelingen, müssen diese Gespräche in einem Klima gegenseitiger Akzeptanz und Wertschätzung geführt werden. Diese Haltung bringt ein Plakat zum Ausdruck: Wir sind eine evangelische Einrichtung, die anderen Religionen auf Augenhöhe begegnet.

Die Grundhaltung der Kita

Das evangelische Profil der Einrichtung kommt bereits in den Erstgesprächen mit den Eltern zur Sprache. Die Väter und Mütter erfahren so von den gemeinsamen evangelischen Gottesdiensten während der Betreuungszeit, zu denen sie herzlich eingeladen sind.

Das jeweils Eigene der Kinder anzunehmen und in der Kita aufzunehmen gilt als Richtschnur nicht nur mit Blick auf die Ausstattungsgegenstände, sondern auch für das gesamte interreligiöse und interkulturelle Konzept der Einrichtung. Die christliche Religion findet im Feiern der Feste im Jahreskreis ihren Raum. Die muslimischen Feste werden auch aufgegriffen. Beispielsweise erhalten muslimische Kinder in der Kinderrunde Glückwünsche und beim Abholen gratuliert man

Christlich-muslimischer Dialog in der Kita   161

den Eltern. „Die Feste und ihre Inhalte gehören zu den Kindern, und wir machen sie deshalb zum Thema", sagt Sabine Meyer-Tebeek, die Leiterin der Einrichtung. Der Besuch einer Moschee zählt genauso selbstverständlich zu den regelmäßigen Ausflugszielen der ältesten Kindergartenkinder wie der Besuch der Feuerwehr, des Zoos oder des Bäckers.

Melike Savas, die muslimische Erzieherin, ist eine wichtige Stütze, wenn es darum geht, den Islam im Kita-Alltag greifbar zu machen. Sie ist türkischstämmige Deutsche und arbeitet bereits seit 14 Jahren in der Einrichtung. Sie hatte von Anfang an eine wichtige vertrauensbildende Funktion für die türkischstämmigen, muslimischen Eltern. Melike Savas trägt Kopftuch. An den evangelischen Gottesdiensten der Einrichtungen nimmt sie teil. Durch ihr Vorbild wird muslimischen Eltern der Zugang zu den Räumen der Kirche geebnet.

Im Team stehen interreligiöse Fragen regelmäßig auf der Tagesordnung. Wichtig ist hier auch die Unterstützung durch die evangelische Landeskirche von Westfalen. Die Pastorin Kathrin Alshuth kommt in die Kita und fördert die Entwicklung des Teams auf dem Gebiet des christlich-muslimischen Dialogs. Ob es um Details der Ausstattung geht oder um theologische Fragen – sie steht mit Rat und Tat zur Seite. Die von ihr mitgestalteten einjährigen religionspädagogischen Fortbildungen erweitern zudem den Horizont (im zweiten Teil dieses Beitrages berichtet Kathrin Alshuth darüber). Dabei ist auch der Dialog der Religionen ein Thema. Melike Savas absolvierte diese Weiterbildung.

Beim Spiel

Die Einrichtung hat sich darauf verständigt, Schweinefleisch völlig vom Speiseplan zu streichen. Das Mittagessen liefert eine Cateringfirma, Wurst zum Frühstück kommt ausschließlich aus türkischen Geschäften. Die Zeit, als es in der Kita zweierlei Sorten Wurst gab, wurde als sehr mühsam wahrgenommen.

Wie mit allen Eltern steht Sabine Meyer-Tebeek auch mit den türkisch-stämmigen Eltern im Gespräch, fragt nach Wünschen und Bedürfnissen. Auf diese Weise kam es beispielsweise zu einem Elternnachmittag zum Thema Pfingsten. „Die aus der Türkei stammenden Mütter wollten endlich mal wissen, was es mit diesem Fest auf sich hat." Das habe sie sich gern mit ihnen angeschaut.

Für das Kita-Team ist es wichtig, sich auch im weiteren Sinne in der Integrationsarbeit zu engagieren. So laufen seit Oktober 2008 übers „Paulinchen" die vom Bundesamt für Migration und Flüchtlinge anerkannten Integrationskurse für türkische Frauen. Zwei Drittel der Kursteilnehmerinnen sind Mütter von Kindergartenkindern. Für 14 Monate kommen die Frauen an vier Tagen der Woche jeweils von 8.30 Uhr bis 13 Uhr zu den Kursen ins angrenzende Gemeindehaus.

Leiterin Sabine Meyer-Tebeek und ihr Team sind sich sicher, dass diese vielfältige christlich-muslimische Basisarbeit bei allen Kindern und Eltern ein Heimatgefühl in der Einrichtung fördert – unabhängig von Herkunftsland und Religion. Das ist Voraussetzung für einen gelingenden interreligiösen Dialog.

Kinderbibelwoche mit Imam

Im evangelischen Familienzentrum Paulinchen haben die jährlichen Kinderbibelwochen eine lange Tradition. Im November 2010 hat nicht nur Roland Wanke, Pfarrer der Paulusgemeinde, die Kinderbibelwoche begleitet, sondern erstmals auch Suayip Caliskan, Imam der ortsansässigen Kuba-Moschee und Vater eines der Kindergartenkinder.

Zentrales Thema der Woche war „Abraham". Auf vielfältige Art haben die Kinder biblische Geschichten über den Stammvater gehört. Parallel lernten sie zum Thema gehörende Stellen aus dem Koran kennen. Erzieherinnen und Kinder suchten und fragten gemeinsam nach Unterschieden und Gemeinsamkeiten. Durch die Anwesenheit des Pfarrers und des von einem Übersetzer begleiteten Imams hatten muslimische wie auch christliche Kinder jeweils eine Identifikationsfigur. Kindern ohne Religionszugehörigkeit konnten christliche und islamische Inhalte

Gemeinsamer Gottesdienst mit Imam und Pfarrer

leichter zuordnen. Freitags feierten alle zusammen einen Abschlussgottesdienst in der Pauluskirche, zu dem auch die Eltern eingeladen waren. Auch hier arbeiteten Imam und Pfarrer wieder eng zusammen. Sabine Meyer-Tebeek berichtet, dass sich alle Beteiligten über die gute Zusammenarbeit und den Gottesdienst freuten.

Netzwerke vor Ort

Sabine Meyer-Tebeek stellt fest, dass die christlich-islamischen Netzwerke vor Ort wesentlich zu einem guten interreligiösen Klima beitragen. Eines dieser Netzwerke ist die Christlich-Islamische Arbeitsgemeinschaft CIAG, die bereits seit 1984 in Marl aktiv ist. Die Kommune erkennt diese Bürgerinitiative, in der sich Menschen aus evangelischen und katholischen Kirchengemeinden sowie aus islamischen Gemeinden für interkulturelle und interreligiöse Gemeinwesenarbeit engagieren, als parteipolitisch unabhängiges Gremium an.

2001 begann die CIAG, mit ihrer Initiative für das jährliche Abrahamsfest ihren christlich-islamischen Dialog zum jüdisch-christlich-islamischen Trialog zu erweitern. Träger des Festes war von Anfang an die CIAG in Zusammenarbeit mit den Kirchen und Moscheen in Marl, mit der Jüdischen Kultusgemeinde im Kreis Recklinghausen sowie mit dem Integrationsrat und der Stadt Marl. „So lag das Thema Abraham, das wir zur Bibelwoche gewählt hatten, wirklich in der Luft", sagt Meyer-Tebeek.

Anke Edelbrock

Das Eigene kennen, dem Fremden offen begegnen – Förderung der interreligiösen Kompetenz durch religionspädagogische Fortbildungen

In den Kirchenkreisen Recklinghausen und Gladbeck-Bottrop-Dorsten werden regelmäßig religionspädagogische Langzeitfortbildungen angeboten, innerhalb eines Jahres zwölf Tagesmodule. Für die interreligiöse Bildung sind zwei Module grundlegend: In einem Tagesmodul Islam wird Basiswissen über den Islam vermittelt. Der Besuch einer Moschee und des Mittagsgebetes fördert zugleich interreligiöse Begegnungen. Das Modul „Evangelisch verstehen und vertreten" vermittelt Geschichte und Besonderheiten der Evangelischen Kirche; Unterschiede zur katholischen Kirche werden aufgezeigt und Informationen über Freikirchen und Sekten vermittelt. Die Referenten geben auch Hinweise, wie die Kita-Leitung im Aufnahmegespräch muslimischen Eltern oder Eltern aus Sekten und Freikirchen bewusst machen kann, was in der Einrichtung an christlicher Kultur mit Geschichten, Ritualen und Festen gelebt wird. Leitlinie: Für den interreligiösen Dialog muss man sein jeweils Eigenes kennen. Die beiden Module bilden die Basis für weitere interreligiöse Lernprozesse.

Der so geschulte Blick des pädagogischen Fachpersonals führt vor Ort in den Einrichtungen nun viel häufiger zu Fragen etwa folgender Art: „Wie ist das mit unserer Religionspädagogik für die muslimischen Kinder?" oder: „Wie können wir in der Kita Begegnung zwischen Islam und Christentum gestalten?" Hieraus entwickeln sich dann, wie auch im Familienzentrum Paulinchen, fachlich begleitete Teamschulungen. Intensiv haben das Team und ich die Konzeption unserer Einrichtung nach Kriterien der interreligiösen Bildungsarbeit „gegengelesen", weiter entwickelt und das Handbuch zum Qualitätsmanagement entsprechend korrigiert. Das war ein nachhaltiger Prozess, weil das ganze Team die interreligiöse und interkulturelle Thematik bearbeitete – und zwar emotional auf der Beziehungsebene wie auch im konzeptionellen Rahmen.

Auf der Ebene der oben genannten Kirchenkreise hat sich ein interreligiöser und interkultureller Arbeitskreis gebildet. In ihm trifft sich pädagogisches Fachpersonal aus den Einrichtungen regelmäßig zum Austausch. Besonders lebendig ist dieser Arbeitskreis, weil Menschen mit unterschiedlichen Zuwanderungs- und Glaubensgeschichten zusammenkommen. Frauen und Männer mit muslimischer, polnisch-katholischer und evangelischer Prägung wie auch Konvertierte bringen ihre Erfahrungen ein und diskutieren engagiert interreligiöse Fragen. Inhaltlich geht es um Themen wie die Geschichte von der Sintflut in der Bibel und im Koran oder um christliche und muslimische Feste.

Aufbaumodule zum interreligiösen und interkulturellen Lernen werden in Zusammenarbeit mit dem Evangelischen Erwachsenbildungswerk Westfalen/Lippe angeboten:

- Ist Allah auch der liebe Gott? – Hier geht es um die Grundzüge des Islam und des Christentums. Eine islamische Theologin referierte über den Islam, während ich das Christentum darstellte. Mit den Teilnehmenden überlegten wir, wie eine gemeinsame religiöse Praxis von Christen und Muslimen in den Einrichtungen gestaltet werden kann, etwa beim Gebet.
- Kirchen- und Moscheepädagogik – In diesem zweitägigen Seminar soll das pädagogische Fachpersonal mit den beiden Sakralbauten und ihrem Inventar vertraut werden. Dabei sollen die Erzieherinnen spielerische Zugänge für Kinder erarbeiten. Am ersten Tag arbeitet der Kurs in einer Kirche, am zweiten in einer Moschee. Beide Veranstaltungen sind deshalb so wertvoll, weil sie direkte Begegnungen mit kompetenten Vertretern des Islam ermöglichen.

Christlich-muslimischer Dialog in der Kita | 165

Biblische Geschichten – im Sand nachgespielt

- Interkulturelles Training – Diese sehr intensiven und lebendigen Seminare werden auf Wunsch der Mitarbeiterinnen und Mitarbeiter durchgeführt, die in Begegnungen mit Eltern und Kindern an ihre Grenzen kommen. Das interkulturelle Training steigert die Wahrnehmungs- und Kommunikationsfähigkeit. Dabei geht es darum, das jeweils „Eigene" und das „Fremde" sehen zu lernen. Wenn man im Gespräch weiß, was einem selbst wichtig ist und was das Gegenüber vielleicht schwer verstehen kann, dann lässt sich die eigene Position kompetenter und überzeugender vermitteln.

Kathrin Alshuth

Impulse für die Praxis

- Basisarbeit im christlich-islamischen Dialog kann in jeder Einrichtung unterschiedliche Schwerpunkte haben. Diskutieren Sie im Team, welche Schwerpunkte in Ihrer Einrichtung angemessen sind.
- Eine Willkommenskultur für Menschen mit anderen Religionen gestalten.
- Falls noch kein Kontakt zu einer benachbarten Moscheegemeinde besteht, ist der Tag der offenen Moschee eine gute Gelegenheit dafür.
- Interkulturelle und interreligiöse Netzwerke vor Ort erkunden.

III | Tipps für die Praxis

Checkliste: Fit für interreligiöse Arbeit?

Im Folgenden haben wir Fragen zusammengestellt, anhand derer Sie Ihre interreligiöse Arbeit beleuchten können. Am besten gehen Sie die Fragen zunächst alleine durch und diskutieren sie dann im Kita-Team. Um die Möglichkeit zu eröffnen, thematisch entsprechende Beschreibungen in den Best-Practice-Beispielen zu finden, verweisen wir mit einem ▶ auf einzelne Ausführungen und Seiten vorne im Buch.

Die alltägliche Praxis der Kita	
Signalisieren wir den Kindern und Eltern Offenheit für Religionen? ▶ religiöse Ecke, S. 102; Plakat „Augenhöhe", S. 160.	
Haben wir eine Möglichkeit dafür bereitgestellt, dass sich Kinder und Eltern über ihre (Herkunfts-)Kultur und Religion austauschen können? ▶ ICH-Buch, S. 55; Familienfotowand S. 139; Nationalflaggen bei landestypischen Gerichten, S. 132.	
Nehmen wir existentielle Fragen der Kinder, wie „Wo war ich vor meiner Geburt?" und „Opa ist tot. Wo ist er jetzt?" auf? Ermöglichen wir den Kindern Begegnungen mit Antworten aus verschiedenen Religionen? ▶ Projekt Schöpfungsgeschichte, S. 117–121.	
Unterstützen wir die Kinder in ihrer eigenen religiösen Identitätsbildung? ▶ religionspädagogische Wochenstunde, S. 115; Spiel mit Thorarollen aus Stoff, S. 81.	
Führen wir die Kinder hin zum interreligiösen Austausch? ▶ interreligiöser Nachmittag, S. 103; interreligiöse Kleingruppe, S. 89–93; interreligiöse Aktion Sterne und Mond, S. 133.	
Führen wir Besuche und Erkundungen durch, bei denen die Kinder religiöse Vielfalt erfahren können? ▶ Besuch von Synagoge, Kirche und Moschee, S. 127–129; interkulturelle Kleingruppe, S. 89–93.	
Nehmen wir religiöse Feste aus verschiedenen Religionen in unserem Alltag auf und machen dabei den religiösen Grund der Feste transparent? ▶ Opferfest, S. 135–137; Zwei Feste – eine Feier, S. 73–74; Ramadan und Advent, S. 50–53.	
Geben wir den Eltern Gelegenheit, ihre Religion in unserer Kita vorzustellen? ▶ Theaterstück zum Ramadanfest, S. 64.	

Leitbild und Konzeption

Berücksichtigt unser Leitbild Religion und religiöse Erziehung?

Enthält unser Leitbild eine interreligiöse Ausrichtung?

Machen wir deutlich, dass bei uns alle willkommen sind, auch mit ihrer Religion?
▶ Idee der gleichwertigen Berücksichtigung der drei monotheistischen
   Religionen, S. 81–84.

Führen wir in unserem Konzept aus, dass uns interreligiöse Bildung wichtig ist?
▶ interreligiöse Reflexionen in der Konzeption, S. 89.

Materielle und räumliche Ausstattung

*Strahlt unser Eingangsbereich ein herzliches Willkommen gegenüber allen
Nationen und Religionen aus?*
▶ Weltkarte, S. 70; Familienplakate, S. 155; mit offenen Armen empfangen
   werden, S. 145.

*Bieten wir den Kindern einen Bereich an, in dem sie sich selbstständig als
religiöse Forscher betätigen können?*
▶ religiöse Ecke, S. 102.

*Haben wir Bilder, Bücher, Spielzeug und weitere Materialien, die unterschiedliche
Kulturen und Religionen vertreten?*
▶ Puppen mit unterschiedlicher Hautfarbe, S. 87, S. 147; Moscheenbausatz,
   S. 55.

*Nehmen wir in unseren Räumen unterschiedliche kulturelle Gestaltungselemente
auf?*
▶ orientalisch gestalteter Spielraum, S. 47; Tee-Ecke, S. 95–96.

*Nehmen wir Angebote von externen Institutionen, wie z. B. der Stadtbücherei,
wahr?*
▶ Buch- und Medienpakete, S. 154–155.

Elternarbeit

*Sprechen wir im Erstgespräch mit den Eltern die Religion der Familie an? Haben
wir ein Konzept, wann wir welche Fragen stellen? Machen wir uns kundig, was
den Eltern in religiöser Hinsicht wichtig ist?*
▶ Familienreligion von Anfang an Thema, S. 86–88.

*Bieten wir den Eltern Möglichkeiten an, sich in unserer Kita zu begegnen und
kennen zu lernen?*
▶ Elterncafés, S. 103, S. 126, S. 141, S. 148; Elternnischen, S. 110.

Nutzen wir Elternkontakte als Chance für interreligiöse Gespräche?

Machen wir genügend niederschwellige Angebote, bei denen sich alle Eltern an-gesprochen fühlen und auch gern kommen? Wenden wir uns dabei gezielt allen Eltern zu, unabhängig von Religion und Kultur? ▶ Fußballspiele gemeinsam ansehen, S. 148; Kinderfest als Begegnungsort, S. 57–59.	
Bieten wir Elternveranstaltungen zum interreligiösen Dialog an? ▶ Projekt „Gottes schöne Schöpfung", S. 117–121; interreligiöse Nachmittage, S. 103.	
Fragen wir uns und die Eltern, welche konkreten Formen der Unterstützung wir den Eltern geben können? ▶ All-inclusive-Kurzwochenende, S. 43–45.	
Übernehmen wir Erziehungspartnerschaften auch im Blick auf eine religiöse Begleitung, z. B. auch durch Würdigung von Festen, die in unserer Einrichtung nur selten vorkommen? ▶ indisches Frühlingsfest, S. 140; äthiopisches Neujahrsfest, S. 88; vietnamesi-sches Tet-Fest, S. 56–57.	

Religiöse und interreligiöse Kompetenzen der einzelnen pädagogischen Fachkräfte

Bin ich mir meiner eigenen religiösen Einstellung bzw. Haltung bewusst? Kann ich sie formulieren?	
Bin ich mir meiner eigenen religiösen Einstellung bzw. Haltung bewusst? Kann ich sie formulieren?	
Kann ich andere Religionen tolerieren und wertschätzen?	
Kenne ich die Grundzüge der verschiedenen Religionen? Welche Fortbildungs-angebote zu Christentum, Islam und Judentum habe ich in den letzten drei Jahren besucht?	

Interreligiöse Bildung als Thema im Team

Ist eine religiöse Vielfalt in unserem Team vorhanden und nutzen wir sie als Chance? ▶ muslimische Erzieherin als Glücksgriff, S. 123–124, S. 161.	
Haben wir eine offene und tolerante Atmosphäre im Team, die einen Austausch zu religiösen Fragen zulässt?	
Wie oft haben wir in den letzten drei Monaten über interreligiöse Bildung gespro-chen? ▶ eigener interreligiöser Kalender, S. 135.	
Planen wir interreligiöse Angebote gemeinsam im Team?	

Unser Träger

Gibt es eine geregelte Zusammenarbeit und Verständigung mit dem Träger?

Kann uns unser Träger bei unserer interreligiösen Arbeit unterstützen?
▶ interreligiöse Öffnung der Kita, S. 104–107; interreligiöse Begleitung des Teams, S. 161.

Sind die Erwartungen des Trägers zu interreligiöser Bildung klar und allgemein bekannt? Können wir diesen Erwartungen zustimmen und wollen sie auch selber umsetzen?

Aus- und Fortbildungen

Kennen wir Möglichkeiten der interreligiösen Aus- und Fortbildung in unserem Umfeld und nehmen diese wahr?
▶ Förderung der interreligiösen Kompetenz durch religionspädagogische Fortbildungen, S. 163–165.

Wo können fehlende Fortbildungsangebote angeregt werden?

Bieten Träger oder andere Einrichtungen Hilfen etwa durch speziell ausgebildetes Fachpersonal, das in die Einrichtung eingeladen werden kann?
▶ Begleitung durch Fachberatung, S. 116, S. 156–158.

Interkulturelle und interreligiöse Angebote in unserer Stadt

Nutzen wir Angebote auf Ortsebene, um uns mit unserem Profil in der Stadt bekannt zu machen?
▶ Beteiligung an der interkulturellen Woche, S. 75 und S. 107.

Haben wir Netzwerke in unserem Umfeld, die uns in unserer interreligiöser Arbeit unterstützen können?
▶ Expertensuche, S. 111–112; Öffentlichkeits- und Lobbyarbeit, S. 149–151; Pfarrer und Imam, die bereits zusammenarbeiten und unsere Einrichtung besuchen könnten, S. 124, S. 134, S. 162.

Literaturempfehlungen

Kinderbücher

Kulturen entdecken

- *Emma Damon, Iglu, Haus und Zelt. Was ist deine Welt?, Gabriel Verlag 2005.* Mein Zuhause, dein Zuhause – ein allererstes Sachbuch für Kinder ab 2 Jahren. Kinder erfahren spielerisch, wie sie selbst und Menschen in aller Welt wohnen, kochen und schlafen. Mit vielen verschiedenen Spielideen und Bastelvorlagen für zwei Modellhäuser.
- *Ursel Scheffler/Jan Lieffering, Welche Farbe hat die Freundschaft?, Thienemann Verlag 2005.* Das Buch zeigt Unterschiede und Gemeinsamkeiten von Kindern auf, die unterschiedlicher Herkunft oder Hautfarbe sind. Es wird gezeigt, dass es nichts Besonderes ist, anders auszusehen, und wie spannend es ist, eine andere Kultur kennen zu lernen.
- *Wir entdecken die Welt, Reihe „Wieso? Weshalb? Warum?" Ravensburger Buchverlag 2010.* Wie leben die Menschen und vor allem die Kinder in den verschiedenen Teilen unserer Erde? Das versuchen in diesem Buch kleine grüne Männchen vom Mars herauszufinden. Sie begleiten die Lesenden mit pfiffigen Kommentaren und spannenden Informationen rund um die Welt, probieren scharfe Gewürze in Indien und studieren Schriftzeichen in China.
- *Mein erster Weltatlas, Reihe „Wieso? Weshalb? Warum?" Ravensburger Buchverlag 2011.* Kindern ab vier Jahren können in diesem Weltatlas Länder und Kontinente mit ihren Menschen, Tieren, Bauwerken und Bodenschätzen kennen lernen.

Sprachen entdecken

- *Markus Pfister, Der Regenbogenfisch entdeckt die Tiefsee, Gökkuşaği Baliği und Derin Denizleri Keşfediyor, zweisprachige Ausgabe Türkisch-Deutsch, Nord-Süd-Verlag 2009.* Mit der Edition bi:libri hat der Nord-Süd-Verlag viele mehrsprachige Kinderbücher im Angebot: Englisch, Französisch, Griechisch, Italienisch, Russisch, Spanisch und Türkisch – immer in Kombination mit Deutsch. Zusätzlich sind die Bücher in den verschiedenen Sprachen als Audio-CD und MP3-Datei erhältlich.

Religionen entdecken

- *Das große Bibel-Bilderbuch, Alle Geschichten aus der Reihe ‚Was uns die Bibel erzählt' in einem Band, Kees de Kort, Deutsche Bibelgesellschaft 1994.* Diese Ausgabe eignet sich besonders gut zum gemeinsamen Betrachten mit Kindern, da auf jeder Doppelseite nur ein Bild zu sehen ist. Im Anhang sind „Hilfen zum Verständnis" für Erwachsene zusammengestellt.
- *Meine große Bilder-Buch-Bibel, Beatrix Moos und Emil Maier-F., Katholisches Bibelwerk 2007.* Die Kinderbibel legt großen Wert auf Bilder. Kurze, kindgerechte Texte ermöglichen begleitendes Vorlesen oder Erzählen.
- *Was der Koran uns sagt, für Kinder in einfacher Sprache, Hamideh Mohagheghi und Dietrich Steinwede, Bayerischer Schulbuchverlag und Patmos-Verlag 2010.* Das Buch benutzt mehrere deutsche Übersetzungen des Korans, „übersetzt" darüber hinaus ausgewählte Inhalte behutsam in eine kindgemäße Sprache und stellt Erzählzusammenhänge her.
- *Der Koran für Kinder und Erwachsene, übersetzt und erläutert von Lamya Kaddor und Rabeya Müller, Beck 2010.* Der Koran für Kinder und Erwachsene ist nach zentralen Themen gegliedert (Was sagt der Koran zur Erschaffung der Welt? Welche Bedeutung haben Mose und Abraham, Maria und Jesus? usw.). So wird die Möglichkeit eröffnet, sich selbstständig mit dem Koran zu befassen und wesentliche Aussagen leichter zu verstehen.
- *Alan Brown und Andrew Langley, Woran wir glauben, Religionen der Welt – von Kindern erzählt, Verlag Ernst Kaufmann 1999.* Eine Vielzahl von Religionen wird übersichtlich und durch Illustrationen sehr anschaulich präsentiert. Das letzte Kapitel „Wir sind alle eine große Familie" ermutigt dazu, mit allen Menschen dieser Erde, egal welchen Glaubens, in Frieden zusammenzuleben.
- *Emma Damon, Gott, Allah, Buddha und woran glaubst du? Gabriel Verlag 2002.* Das Buch bietet eine erste Heranführung an die Welt der Religionen. Einzelne Spielelemente führen zu den Besonderheiten von Buddhisten, Christen, Muslimen, Juden, Sikhs und Hindus.
- *Unsere Religionen, Christentum, Islam, Hinduismus, Buddhismus, Judentum, Reihe „Wieso? Weshalb? Warum?" Ravensburger Buchverlag 2003.* Dieses Sachbuch ermöglicht eine verständliche Einführung in die fünf Weltreligionen für Kinder im Kindergartenalltag. Es vertritt die Gleichwertigkeit der Religionen, benennt Gemeinsamkeiten aber auch Unterschiede.
- *Alexia Weiss/Friederike Großekettler, Dinah und Levi. Wie jüdische Kinder leben und feiern, Betz Verlag 2011.* Dinah und Levi wohnen im selben Haus und beide gehören dem jüdischen Glauben an. Levis Familie ist religiös und befolgt alle Regeln, die es im Judentum gibt. Dinah und ihre Eltern gehen nur an wichtigen Feiertagen in die Synagoge. Religiöse Unterschiede werden so

schon für Kinder greifbar. Kindgerecht werden die jüdischen Feste Jom Kippur, Chanukka, Purim und Pessach dargestellt.

- *Georg Schwikart, Julia und Ibrahim. Christen und Muslime lernen einander kennen, Patmos 2008.* Julia und Ibrahim freunden sich an und erzählen sich gegenseitig von ihrer Alltags- und Glaubenswelt, Julia von ihrer christlichen, Ibrahim von seiner muslimischen. Im Sachteil, der sich mit dem Christentum und dem Islam beschäftigt, gibt es Sachfotos und kunstgeschichtliche Abbildungen.
- *Wolfgang Bittner/Ursula Kirchberg, Felix, Kemal und der Nikolaus, Nord-Süd-Verlag 1996.* Felix und Kemal wohnen im selben Haus. Felix freut sich auf die Geschenke zum Nikolaustag, während Kemal weiß, dass türkische Kinder an einem anderen Festtag beschenkt werden. Dennoch stellt er seine Schuhe vor die Tür. Als Felix mitten in der Nacht aufsteht und diese entdeckt, füllt er sie mit Süßigkeiten, die er in seinen Schuhen findet.

Fachbücher für Erwachsene

- *Bundesvereinigung Evangelischer Tageseinrichtungen für Kinder e. V. (BETA), Vielfalt erleben – Profil gewinnen. Interkulturelle und interreligiöse Erziehung und Bildung in evangelischen Tageseinrichtungen für Kinder, Stuttgart 2002.* Das Heft enthält grundlegende Informationen, u. a. wie Begegnungen der Religionen initiiert werden können und welche Fragen zu bedenken sind, wenn Kinder aus verschiedenen Religionen sich in Einrichtungen begegnen.
- *Bundesverband Evangelischer Tageseinrichtungen für Kinder e. V. (BETA), Kinder haben Rechte! ... auf Religion! Arbeitshilfe zum Weltkindertag 20. September 2009 (zu bestellen über:www.beta-diakonie.de).* Diese kleine Arbeitshilfe bietet Arbeitsvorschläge und Gottesdienstentwürfe. Impulse zur interreligiösen Arbeit finden sich auf den Seiten 20 und 21.
- *Verband Katholischer Tageseinrichtungen für Kinder (KTK), Die Welt der Religionen im Kindergarten. Grundlegung und Praxis interreligiöser Erziehung. Dokumentation der Religionspädagogischen Jahrestagung 2000, Freiburg 2001.* Hier werden zentrale Fragen angesprochen, wie z. B. „Glauben wir nicht alle im Grunde dasselbe? Absolutheitsanspruch und Dialogbereitschaft – wie aus dem Spannungsfeld ein gemeinsamer Lebensraum der Religionen werden kann". Darüber hinaus werden Zukunftsperspektiven für die Aus- und Fortbildung aufgezeigt.
- *Verband Katholischer Tageseinrichtungen für Kinder (KTK), Religion für alle Kinder? Konfessionslose und andersgläubige Kinder in katholischen Kindertageseinrichtungen. Leitlinien und Materialien für die religiöse Erziehung, Freiburg 2003.* Nach einer Bestandsaufnahme der Situation in der Gesellschaft und speziell in den Einrichtungen wird eine theologische Bewertung der reli-

giösen Pluralität vorgenommen. Interreligiöses Lernen findet hier allerdings wenig Berücksichtigung.

- *Den Glauben neu buchstabieren – Ansätze einer zeitgemäßen Kinderpastoral und einer pluralitätsfähigen Religionspädagogik in Kindertageseinrichtungen und Kirchengemeinden, Matthias Hugoth, Freiburg 2004 (zu bestellen über: KTK-Bundesverband@caritas.de).* In dieser Publikation werden Antworten auf theoretische und praktische Herausforderungen einer kindgerechten religiösen Bildungsarbeit und einer pluralitätsfähigen Religionspädagogik in Kindertageseinrichtungen dargestellt.
- *Wo Glaube wächst und Leben sich entfaltet. Der Auftrag evangelischer Kindertageseinrichtungen. Eine Erklärung des Rates der Evangelischen Kirche in Deutschland, hrsg. vom Kirchenamt der EKD, Gütersloher Verlagshaus 2004.* Eine von der Evangelischen Kirche in Deutschland vorgelegte Erklärung zum Bildungsauftrag evangelischer Kindertageseinrichtungen. Im sechsten Kapitel finden Sie Ausführungen zum Thema „In Vielfalt leben: Evangelische Erziehung und Bildung in einem interkulturellen Kontext".
- *Arbeitsstelle Islam und Migration IM BLICK 3: Wenn Christine und Mohammed nach Gott fragen, Muslimische Kinder im evangelischen Kindergarten, Haus kirchlicher Dienste der ev.-luth. Landeskirche Hannover 2006.* Die Broschüre bietet einen Überblick über die Themen: Religiöse Bildung und soziale Integration im Kindergarten, altersgemäße Zugänge zur interreligiöser Bildung, Fremdheitskompetenz und mögliche Ziele interreligiöser Pädagogik für Erzieherinnen und Erzieher.
- *Martin Affolderbach, Inken Wöhlbrand, Was jeder vom Islam wissen muss, im Auftrag des Amtes der VELKD und des Kirchenamtes der EKD, Gütersloher Verlagshaus 2011.* Dieser Band informiert sachlich und fundiert über den Islam (Glaube und Leben, Geschichte und Gegenwart) und über Gemeinsamkeiten und Unterschiede in Christentum und Islam (u. a. Bibel und Koran, Abraham und Jesus). Ferner werden Formen des muslimisch-christlichen Zusammenlebens dargestellt.
- *„Weißt du, wer ich bin?" Das Projekt der drei großen Religionen für friedliches Zusammenleben in Deutschland, Arbeitsgemeinschaft Christlicher Kirchen in Deutschland (ACK), Zentralrat der Juden in Deutschland, Zentralrat der Muslime in Deutschland, Türkisch-Islamische Union der Anstalt für Religion (DITIB).* Die Materialsammlung I bietet Grundlegungen des Dialogs, eine Einführung in die Religionen (Judentum, Islam, Christentum), Wege zum Dialog sowie Erfahrungsfelder (Gotteshäuser, Feste u. a.) für die Projektarbeit. Erhältlich ist auch die Materialsammlung II mit dem Schwerpunkt Projektarbeit in Schule und Gemeinde. Kostenloser PDF Download: http://www.weisstduwe-richbin.de/service.htm oder Bestellung .

- *Katrin Bederna und Hildegard König (Hg.): Wohnt Gott in der Kita? Religionssensible Erziehung in Kindertageseinrichtungen, Cornelsen Verlag Scriptor 2009.* Das Buch gibt konkrete Anregungen, wie religionssensible Erziehung in der Praxis gestaltet wird und wie man den philosophischen und theologischen Fragen der Kinder begegnen kann.
- *Christina Brüll u. a., Synagoge – Kirche – Moschee. Kulträume erfahren und Religionen entdecken, Kösel-Verlag 2005.* Neben anschaulichen Hintergrundinformationen zu Architektur und Innengestaltung, zu kultischen Zeremonien und Ritualen gibt es hier zahlreiche praktische Anregungen und Vorschläge zum Erleben und Erkunden von Kirchen und Kulträumen, die zum Teil auch für das Kindergartenalter geeignet sind.
- *Anton A. Bucher u. a. (Hg.), Mit Kindergartenkindern theologische Gespräche führen. Beiträge der Kindertheologie zur Elementarpädagogik, Calwer Verlag 2008.* Das Buch enthält eine Einführung in die Kindertheologie mit dem Schwerpunkt Vorschulkinder. An einzelnen thematischen Beispielen wird deutlich, wie bereits mit Kinder über Gott und die Welt geredet werden kann.
- *Margarete Goecke-Seischab und Frieder Harz, Komm, wir entdecken eine Kirche. Räume erspüren, Bilder verstehen, Symbole erleben, Kösel-Verlag 2009.* Bei der Vorbereitung eines Kirchenbesuches mit einer Kindergruppe ist dieses Buch eine große Hilfe.
- *Frieder Harz, Ist Allah auch der liebe Gott? Interreligiöse Erziehung in der Kindertagesstätte, Don Bosco Verlag 2001 (zur Zeit leider vergriffen).* Das Buch zeigt praxisnah, wie interreligiöse Erziehung in der Kita umgesetzt werden kann. Frieder Harz knüpft an Alltagskonflikten an und macht sie zum Prüfstein der interkulturellen und interreligiösen Bildung.
- *Kinder & Religion. Was Erwachsene wissen sollten, Kallmeyer Verlag 2010[2].* Warum feiern wir Weihnachten? Was bedeutet das Kreuz? Warum essen muslimische Kinder kein Schweinefleisch? Das Buch hilft, fundierte Antworten auf diese und weitere Kinderfragen geben zu können. Der Schwerpunkt liegt bei Erklärungen zur christlichen Religion.
- *Matthias Hugoth, Fremde Religionen – fremde Kinder? Leitfaden für die interreligiöse Erziehung, Herder Verlag 2003.* Dieses Buch vermittelt Basiswissen über die Weltreligionen und speziell über den Islam. Verschiedene Methoden und praktische Vorschläge zeigen, wie interreligiöse Erziehung gestaltet werden kann.
- *Georg Schwikart, Dem Islam begegnen, Ideen für Familien, Kindergarten und Grundschule, Lahn 2009.* Dieses Praxisbuch bietet Hintergrundinformationen, um Kinder mit den wichtigsten Grundzügen muslimischen Glaubens und Lebens vertraut zu machen. Spielerische Aktionen, Geschichten, Rezep-

te und Bastelideen führen in die muslimische Glaubenswelt und lassen Verständnis füreinander wachsen.

- *Gertrud Wagemann, Feste der Religionen – Begegnung der Kulturen, Kösel-Verlag 2002.* Die Feste der Religionen spiegeln verschiedene Lebensstile und ermöglichen Begegnung von Menschen unterschiedlicher Herkunft. Im Buch werden fünfzig Feste aus Christentum, Islam, Judentum, Buddhismus, Hinduismus und verschiedenen Stammesreligionen vorgestellt und erklärt.

Weiterführende Bücher der Autoren

- *Anke Edelbrock, Friedrich Schweitzer, Albert Biesinger (Hg.), Wie viele Götter sind im Himmel? Religiöse Differenzwahrnehmung im Kindesalter, Münster u. a. 2010.*
- *Friedrich Schweitzer, Anke Edelbrock, Albert Biesinger (Hg.), Interreligiöse und interkulturelle Bildung in der Kita. Eine Repräsentativbefragung von Erzieherinnen in Deutschland – interdisziplinäre, interreligiöse und internationale Perspektiven, Münster u. a. 2011.*
- *Albert Biesinger, Anke Edelbrock, Friedrich Schweitzer (Hg.), Auf die Eltern kommt es an! Interreligiöse und interkulturelle Bildung in der Kita, Münster u. a. 2011.*
- *Friedrich Schweitzer, Albert Biesinger, Anke Edelbrock (Hg.), Mein Gott – Dein Gott. Interkulturelle und interreligiöse Bildung in Kindertagesstätten, Weinheim/Basel [2]2009.*

Internetquellen

- *Themenportal interreligiöses Lernen: http://www.rpi-virtuell.net/index.php?p=portal_interreligioeseslernen.* Das Themenportal bietet einen Überblick über die verschiedenen Religionen. Praktische Umsetzungsmöglichkeiten und geeignete Materialien für interreligiöse Bildung sind hier zu finden.
- *Interreligiöser Kalender 2011 mit den wichtigsten Festen von Judentum, Christentum und Islam und ihren Bedeutungen. http://www.rheinhessenevangelisch. de/dekanat_mainz/dekanat/service/Images/Kalender_2011.pdf*
- *WDR-Weltreligionen: http://www.wdr.de/themen/kultur/religion/weltreligionen/.* Christentum, Islam, Judentum, Buddhismus und Hinduismus werden im Religionsportal des WDR vorgestellt. Zahlreiche Texte, Fotos, Videos und Tondokumente bieten ein umfangreiches multimediales Angebot.
- *SWR-Kindernetz-Weltreligionen: http://www.kindernetz.de/infonetz/thema/ weltreligionen.* Die Seite informiert Kinder darüber, wie die verschiedenen Religionen entstanden sind und wie die Menschen heute mit ihrem Glauben

leben. Es wird aufgezeigt, wie sich die Religionen voneinander unterscheiden, aber auch welche Gemeinsamkeiten sie haben.

- *GEOlino, die Weltreligionen: http://www.geo.de/GEOlino/mensch/53998.html.* Kindgerechte Informationen über die Weltreligionen

Autorinnen und Autoren

Alshuth, Kathrin, Pfarrerin in der Evangelischen Kirche von Westfalen, Multiplikatorin in ganzheitlich-sinnorientierter Religionspädagogik und seit März 2011 im Schuldienst an zwei Berufskollegs in Recklinghausen. Von 2004 bis 2011 Fortbildnerin für Religionspädagogik in evangelischen Kindertageseinrichtungen in den Kirchenkreisen Recklinghausen und Gladbeck Bottrop Dorsten.

Biesinger, Albert, Dr., Professor für Religionspädagogik, Kerygmatik und Kirchliche Erwachsenenbildung, Katholisch-Theologische Fakultät, Universität Tübingen.

Blender, Myriam, staatlich anerkannte Erzieherin, Leiterin des Sidonie-Werner-Kinderhaus in Bad Segeberg.

Burkart, Beate, staatlich anerkannte Erzieherin, Erzieherin in der Kita Schlosskirchengemeinde im Familienzentrum ZION in Offenbach.

Dedajic, Mirela, staatlich anerkannte Erzieherin, Leiterin des Halima Kindergartens in Karlsruhe.

Drobina, Simon, staatlich anerkannter Erzieher, Gruppenleiter im Hort der Katholischen Kindertageseinrichtung St. Elisabeth, Augsburg.

Edelbrock, Anke, Dr., Akademische Rätin für evangelische Theologie/Religionspädagogik, Pädagogische Hochschule Schwäbisch-Gmünd und Wissenschaftliche Angestellte im Projekt „Interkulturelle und Interreligiöse Bildung in Kindertagesstätten", Universität Tübingen.

Feldberg-Akhand, Silke, staatlich anerkannte Erzieherin mit Schwerpunkt interkulturelles und interreligiöses Lernen. Tätig im integrativen Kindergarten Cantate Domino in Frankfurt am Main.

Fritz, Stefanie, Studentin der evangelischen Theologie, studentische Mitarbeiterin im Projekt „Interkulturelle und Interreligiöse Bildung in Kindertagesstätten", Universität Tübingen.

Heder, Funda, Studium der Erziehungswissenschaften, Universität Istanbul. Diplom Heilpädagogin und Interkulturelle Fachkraft der Katholischen Tageseinrichtung für Kinder Liebfrauen in Mainz.

Heidrich, Birgit, staatlich anerkannte Erzieherin, Gruppenleitung im Hort der Katholischen Kindertageseinrichtung St. Elisabeth Augsburg, Freie Referentin.

Hoberg, Dorothea, Dipl.-Sozialarbeiterin/Sozialpädagogin (FH) mit staatlicher Annerkennung, sozialpädagogische Mitarbeiterin im Dresdener Handlungsprogramm „Aufwachsen in sozialer Verantwortung" in der Kindertageseinrichtung Schnorrstraße in Dresden.

Maile, Annegret, Studentin der evangelischen Theologie und der Islamwissenschaften, studentische Mitarbeiterin im Projekt „Interkulturelle und interreligiöse Bildung in Kindertagesstätten", Universität Tübingen.

Marberger, Maria, staatlich anerkannte Erzieherin, KTK – Multiplikatorin, Leiterin der Katholischen Kindertageseinrichtung St. Elisabeth Augsburg.

Mohlberg, Hildegard, Dipl.-Sozialpädagogin (FH), Leiterin des Sozialdienst katholische Frauen, Rhein-Erft-Kreis e. V. – Familienzentrums St. Margareta.

Navvabi, Nassim, staatlich anerkannte Erzieherin, Leiterin des Familienzentrums "Kindertagesstätte MITTENDRIN" und Fachbereichsleiterin Kindertageseinrichtungen der Arbeiterwohlfahrt Kreisverband Aachen-Stadt e. V.

Olbert, Patricia, staatliche anerkannte Erzieherin mit zahlreichen Zusatzqualifikationen, Leitung Fachbereich Interkulturelle Pädagogik und Sprache des Referats für Bildung und Sport der Landeshauptstadt München, Abteilung Kindertageseinrichtungen.

Pascalis, Patrizia, Pfarrerin der Evangelischen Schlosskirchengemeinde Offenbach, Aufbau der Diakoniekirche Offenbach, davor Pfarrerin der Waldenserkirche in Süditalien, Vikariat in Frankfurt am Main, Theologie-Studium in Heidelberg und Frankfurt.

Schima, Gaby, Dipl.-Sozialpädagogin, Leiterin der Kita Schlosskirchengemeinde im Familienzentrum ZION in Offenbach.

Schindler, Christiane, Dipl.-Pädagogin, Migrationsberatung für erwachsene Zuwanderer (MBE) und Prozessbegleitung für Interkulturelle Öffnung, Caritas-Zentrum Reutlingen.

Schröter, Doris, staatlich anerkannte Erzieherin, Fachberatung für Interkulturelle Pädagogik und Sprache des Referates für Bildung und Sport der Landeshauptstadt München Abteilung Kindertageseinrichtungen.

Schweitzer, Friedrich, Dr., Professor für Praktische Theologie/Religionspädagogik, Evangelisch-Theologische Fakultät, Universität Tübingen.

Spannagel, Irina, staatlich anerkannte Erzieherin, Leiterin und Erzieherin in der KiTa „Kinderwelt Augsburg".

Stehle, Andreas, Dipl.-Theologe, Dipl.-Pädagoge, wissenschaftlicher Angestellter im Projekt „Interkulturelle und Interreligiöse Bildung in Kindertagesstätten, Universität Tübingen.

Vermehren, Julia, Sportlehrerin und KiTa-Fachwirtin, Leiterin der evangelischen Interkulturellen KiTa Astrid Lindgren in Lübeck. Arbeitsschwerpunkte: Frühkindliche Bildung, Fachberatung für Kindertagespflege, Elternarbeit, Bewegungserziehung, Innenraumdesign.

Wedemeyer, Jutta, staatlich anerkannte Erzieherin, Leiterin der evangelischen Tageseinrichtung für Kinder in der Gemeinde Bremen-Lüssum.

Witter, Sarah-Lisa, Studentin der evangelischen Theologie, Romanistik und Geschichtswissenschaft, studentische Mitarbeiterin im Projekt „Interkulturelle und Interreligiöse Bildung in Kindertagesstätten", Universität Tübingen.

Wolter, Wiltrud, staatlich anerkannte Erzieherin, Fachschule für Sozialpädagogik, Hamburg. Ausbildung zur Leiterin (2 Jahre, DW Hamburg) und für Systemisch-Integrative Familientherapie und Beratung, Leiterin des Martin-Luther-King Kindertagesheims, Hamburg.

Auf Welterkundung
Mit einem gefestigten Fundament ins Leben starten

Kindliche Neugier in „Bildung" zu verwandeln, ist hohe erzieherische Kunst. Mit dem Journal *Ethik, Religion & Philosophie* lassen sich die in allen Bildungsstandards festgelegten Projekte leicht entwickeln. Neben Hintergrundwissen in 12 Praxisbeispielen bietet es Anregungen, die zentralen Lebensfragen im Alltag aufzugreifen und in Projekte einzubetten. Dabei spielen Werte und Toleranz eine wichtige Rolle. Die Autoren machen konkrete Vorschläge, u.a. zur Gestaltung eines Gottesdienstes, und zeigen, wie Sie in der Praxis Sinn- und Dilemmafragen aufgreifen können.

Hrsg. v. Hugoth, Matthias/Fritz, Alexandra
Bildungsjournal Frühe Kindheit
Ethik, Religion & Philosophie
96 S. kartoniert
978-**3-589-24587-1**

... zusammen wachsen!

Cornelsen Verlag • 14328 Berlin
www.cornelsen.de

Wohnt Gott in der Kita?
Auf der Suche nach den passenden Antworten

Kinder erforschen die Welt täglich neu und wollen sie erklären. Dazu gehören auch Fragen philosophischer und theologischer Art. Doch welche Antworten brauchen sie? Wie können Erzieher/-innen Kinder spirituell begleiten und die in den Bildungs- und Erziehungsplänen geforderte frühe religiöse Bildung umsetzen?
Die Autorinnen dieses Buches geben konkrete Anregungen, wie religionssensible Erziehung in der Praxis gestaltet werden kann. Jede Fachkraft, die Kita-Kinder für religiöse und philosophische Themen sensibilisieren möchte, wird dieses Buch mit Gewinn lesen.

Hrsg. v. Bederna, Katrin/König, Hildegard
Wohnt Gott in der Kita?
Religionssensible Erziehung in Kindertageseinrichtungen
256 S. kartoniert
978-3-589-24670-0

Cornelsen Verlag • 14328 Berlin
www.cornelsen.de

... zusammen wachsen!

Werte entwickeln
Späteren Herausforderungen gewachsen sein

Welche Werte prägen unsere Gesellschaft? Und wie können wir sie unseren Kindern vermitteln, wie sie zukunftsfähig machen? Auf diese Fragen geht Armin Krenz ausführlich und praxisbezogen ein. Ausgangspunkt ist dabei immer der Mensch, sei es das Kind mit seinen Bedürfnissen oder der Erwachsene, der durch seine Persönlichkeit die Erziehung des Kindes prägt.
Das Buch behandelt unverzichtbare Themen insbesondere für Erzieher/-innen: Es liefert Denkanstöße für eine Neuorientierung im Berufsalltag und gibt Impulse für ein werteorientiertes Miteinander. Wer sich mit der Erziehung von Kindern beschäftigt, kommt an diesem Buch nicht vorbei.

Hrsg. v. Krenz, Armin
Werteentwicklung in der frühkindlichen Bildung und Erziehung
176 S. kartoniert
978-**3-589-24501-7**

... zusammen wachsen!

Cornelsen Verlag • 14328 Berlin
www.cornelsen.de